Reisen mit Kindern in Südafrika

Impressum

Herausgeber: Multi-Culti-Press
Autorin, Lektorat und Redaktion: Astrid Mohné
Buchgestaltung und Design: Verena Kliti MediaDesign
Fotos: Multi-Culti-Press, PR
Völlig überarbeitete und aktualisierte Neuauflage

ISBN: 978-3-940941-02-2

Dieser Reiseführer ist meinen geliebten Söhnen,
Léon & Lennox, gewidmet.
Allen Südafrika-Fans, sowie den lebensfrohen Menschen der Regenbogennation.

Astrid Mohné

Reisen mit Kindern in SÜDAFRIKA

Inhalt

Inhalt

Das Team

MULTI-CULTI-PRESS

AHRENSBURG

Astrid Mohné:

TEXT / REDAKTION

Léon Mohné:

PHOTOS / 2015

1. PA (Personal Assistent)

Lennox Mohné:

PHOTOS / 2015

2. PA

HAMBURG

Gérard Rudschuck:

BILDARCHIV / PHOTOS

(2000-2013)

Astrid Strohmeier:

SÜDAFRIKA-REISEBERATERIN

TOUCAN Reisen

SÜDAFRIKA, JOHANNESBURG

Michael Frauen:

MARKETING / CONSULTING

Pearls of Africa

BAD OLDESLOE

Verena Kliti / www.mediadesign.kliti.de

BUCHGESTALTUNG & DESIGN

AFGHANISTAN

Dillawar Hayat:

KARTENMATERIAL, PA seit 2016

Kartenmaterial

c. Dillawar Hayat
Quelle: www.weltkarte.com

Vorwort

LIEBST DU DEIN KIND? DANN NIMM ES MIT AUF REISEN!

(Hindu Sprichwort)

Wer einmal Südafrika, das Familien-Paradies der Superlative, besucht hat, wird sich wie wir verlieben: in das Klima, die Kinderfreundlichkeit, die tosenden Ozeane und die kilometerlangen Strände. Cape Town ist eine der schönsten Städte der Welt.

Die vibrierende Metropole mit ihrer aufregenden Multikulti-Kultur und dem angenehmen Mittelmeerklima zeichnet sich durch die einmalige Lage des Tafelbergs als das Top-Ziel in Afrika aus. Ihre Bewohner, die Capetonians, sind lebensfroh, lässig, cool und bekannt für ihren entspannten Lifestyle: Europäische Chill-Out Stimmung paart sich hier ideal mit afrikanischem Zeitgefühl. Großer Vorteil: In Kapstadt gibt es trotzdem erstklassige Restaurants und hervorragende Unterkünfte mit viel kosmopolitischem Flair. Und keinerlei Zeitverschiebung.

Neben seinen traumhaften Landschaften und tierreichen Safaris bietet das Regenbogenland das ultimative Freizeitprogramm: Begegnungen mit Walen, Schwimmen mit Delfinen, Haitauchen, Action und Adrenalin. Aber auch Achtsamkeit: für Licht, Farben, Weite, Musik,

Unser Familienfoto mit Elefantenführern im Knysna Elephant Park

Guck mal über den Tellerrand: Die Herzlichkeit der Kulturen ist ansteckend für Kids

Kultur und Küche - da liegt die Begeisterung eines jeden Besuchers in seinem persönlichen Gusto.

2016 boomte Südafrika als Urlaubsland wie noch nie zuvor. Viele Familien mit Kindern kamen zudem überdurchschnittlich zufrieden zurück und sind wie wir „Wiederholungstäter" geworden. Über den Tellerrand bzw. „Reise Rand" geschaut profitieren bei dem aktuell günstigen Wechselkurs von 1 EUR= 14,49 (Stand 1.1.2017) und den ohnehin günstigen Nebenkosten vor Ort Urlauber derzeit doppelt und erhalten weitaus mehr für ihr Geld als in den vergangenen Jahren.

Reisen machen einen enormen Eindruck auf Kinder. Sie können Erinnerungen schaffen, die das ganze Leben lang nachwirken und die ihnen niemand mehr nehmen kann. Insbesondere ein fremder Kontinent wie Afrika ist eine grosse Stimulation. Alles sieht anders aus, riecht exotisch, schmeckt ungewöhnlich.
Wie alles begann?
Als Reisejournalisten machten wir nach der Geburt unseres ersten Sohnes aus der Not eine Tugend, starteten mit Sprössling und Schnuller in ein neues, aufregendes Leben.
„Bon Voyage Baby" war der Banner, mit dem wir auszogen, um Familien das Abenteuer „Reisen mit Kindern" näher zu bringen. Damals nahm ein grosser Traum Gestalt an: den weltweit ersten Familien-Reiseführer über Südafrika zu schreiben.

NICHT OHNE UNSERE KINDER

„Babba" ist Afrikaans und heisst Baby. Léon war gerade ein paar Monate alt, als wir im Jahre 2000 mit den kinderfreundlichen Experten South African Airways unseren Premiere-Flug antraten und unser Sprössling die Crew und später Südafrika im Sturm eroberte.
Mehrere berufliche Reisen „zu dritt" folgten, bei denen wir immer mehr Erfahrungen und Meilensteine für mutige, reisefreudige Eltern in unserem Nischenprodukt „Reisen mit Kindern" sammelten.
Gemeint ist der globale Trend, mittlerweile weltweit in Mode gekommen, auch mit Babies und Kleinkindern Urlaub zu machen.

Mit Kind und Kegel Kapstadt, die Garden Route und das Eastern Cape bereisen?

Zu anstrengend, zu gefährlich? Im Gegenteil: Wir haben jedes Abenteuer in Afrika mit den Kids genossen. Bis heute erinnern sich alle Familienmitglieder gerne daran.
Denn Südafrika ist sowohl für Eltern als auch für Kinder angenehm und gefahrlos zu bereisen. Sogar das Reisen mit Kleinkindern in den malariafreien Nord West Provinzen ist zu empfehlen. Da sind sich Ärzte, Psychologen und Eltern einig: Unsere Wonneproppen sind nicht wählerisch, was ihren Standort angeht. Neben viel Zuneigung brauchen sie vor allem entspannte, möglichst glückliche Eltern.

MEIN Kapstadt. DEIN Kapstadt. UNSER Kapstadt. Gleichgesinnte Südafrikafans sind befallen: vom „Afrika-Virus".

Es heisst, wer einmal Kapstadt besucht hat, kommt immer wieder.
MEIN Kapstadt. DEIN Kapstadt. UNSER Kapstadt. Gleichgesinnte Südafrikafans sind befallen vom „Afrika-Virus": Da gibt es ja bekanntlich nur eine Form, ihn zu heilen.

2006 fingen wir erneut Feuer. Bei unserer dreimonatigen Recherche-Reise und einem Sabbatical-Aufenthalt vor Schulbeginn des Grossen, mittlerweile mit von der Partie Léons zweijähriger Bruder Lennox. „Hier bleiben wir, da gibt es immer Cola", packten die Jungs ihre Koffer für ihren „Umzug" in das Township Khayelitsha, wo Lennox Patenonkel, der Musiker Lennox T. zuhause ist. Für uns entstand eine lebenslange Freundschaft und somit das Geschenk, die üblichen Touristenpfade zu verlassen und Land und Leute richtig kennen zu lernen.
Unsere Familie ist bis heute begeistert von diesem breiten Lächeln Südafrikas. „In Südafrika ist es ja schöner als im Traumland" meinten unsere Kinder und wollten wieder hin. Alle Barrieren werden dort gebrochen: Inspiration Herzlichkeit, Lebenslust bestimmen das Alltagsleben und den Umgang mit anderen Menschen und Kulturen. Unsere Kinder löcherten uns fast jeden Tag, wann wir wieder fahren würden, so waren wir 2013 erneut im Südlichen Afrika, im Nordosten des Landes und anschliessend in Namibia unterwegs.
Auch 2015, als ich mit den Jungs in Johannesburg, Durban und am Kap allein unterwegs war, wurde es eine erfolgreiche Reise.

Voraussetzung ist allerdings eine gute Reiseplanung. Um Ihnen dies zu erleichtern, haben wir den Reiseführer in zwei Abschnitte geteilt.

TEIL I : REISEVORBEREITUNG

2015 wurden die Verordnungen über Reisen mit Kindern drastisch verschärft.
Was ist eine UBC (Unabridged Birth Certificate), und welche Unterlagen benötigt man, um in oder aus Südafrika mit minderjährigen Kindern zu reisen?
Die Fluggesellschaften sind gezwungen, die Beförderung aller Gäste, die diese Einreisebestimmungen nicht einhalten, abzulehnen. Sie wären nicht die erste Familie, die man zurückschickt und die mit der Willkür der südafrikanischen Behörden zu kämpfen hat.
Das „South African Department of Home Affairs“ ist strikt und lässt niemanden einreisen, dessen Dokumente nicht vollständig sind.
Was im Vorfelde sonst noch alles zu organisieren ist und woran man beim Kofferpacken bis hin zur Reiseapotheke denken muss, wird in „Reisepraktische Tipps von A-Z“ thematisiert.

SICHERHEIT: SOUTH AFRICA IS NOT FOR SISSIES

Wie gefährlich ist Kapstadt wirklich?
Sicherlich ist Kriminalität vorhanden. Sicher ist aber auch, dass Kapstadt nicht so gefährlich ist wie es oft in einseitigen Medienberichten dargestellt wird. Schauermärchen über Raub, Mord, tagtäglichem

Wir haben viel Spaß auf der Safari am Eastern Cape...

...und genießen den Sonnenuntergang in Gordon´s Bay

Totschlag sind oft erfunden und werden von den dort lebenden Südafrikanern nicht bestätigt. Im Gegenteil:
Kapstadt ist sicher! So sicher wie das Kreuz des Südens, das Sie sicherlich sehen werden.
85% der Kriminalität passiert unter den Einheimischen in den Townships oder Slums, die sich am Stadtrand befinden und wo sich eine Familie nur aufhält, wenn sie an einer geführten Townshiptour teilnimmt.

Wir haben in den 16 Jahren im Südlichen Afrika und Kapstadt mit unseren Kindern alles Schöne gemacht und mit der Kriminalität nie ein Problem gehabt. Auch ich nicht als alleinreisende Mutter. Da beschränkte sich das Lehrgeld für meine Unachtsamkeit auf eine gestohlene Sonnenbrille.

Es heisst wer Kapstadt einmal besucht hat, kommt immer wieder.

In Kapstadt und in ganz Südafrika leben viele freundliche und hilfsbereite Menschen aller Hautfarben. Die meisten dieser Leute sind neugierig und hilfsbereit gegenüber Touristen. Und derart mit ihrem täglichen Überlebenskampf beschäftigt, dass sie gar keine Zeit finden, auf dumme Gedanken zu kommen.
Laut Statistik ist Kapstadt auch nicht gefährlicher als andere Großstädte dieser Welt. Spätestens seit der WM 2010 haben sich die Sicherheitsbedingungen durch Überwachungskameras und vermehrte Polizeipräsens deutlich verbessert. Kapstadt ist somit schon seit Jahren die sicherste Grossstadt Afrikas, ein Vorbild bei der Prävention für den ganzen Kontinent.
Allerdings sind Reisende mit Kindern aufgrund der politischen und sozialen Unruhen in Südafrika eher skeptisch.
Be alert oder woke, übersetzt aufmerksam, bedacht sein, ist wohl das wichtigste Wort, das Sie in Südafrika lernen sollten. Denn „Sissy-Romantik" und eine verklärte „Out of Africa"- Attitüde haben in diesem Land nichts verloren. Man darf nie vergessen, dass Südafrika ein starkes Wohlstandsgefälle hat und dass es dort immer wieder zu politischen und sozialen Unruhen kommt.
Auch wenn Nelson Mandela es geschafft hat, dass die Hautfarbe nicht

mehr die Menschen trennt, unter dem derzeitigen Staatspräsidenten Zuma und der korrupten Politik des ANC ist die Schere zwischen arm und reich grösser denn je zuvor geworden.
Lesen Sie, warum wir uns während unserer Reisen mit Kindern in Südafrika immer sicher fühlten. Unsere diversen Sicherheitsregeln, die von Leuten bestätigt wurden, die dort leben und somit die Kriminalität in Kapstadt am besten beurteilen können, helfen Ihnen dabei.

SICHER VOM SCHEITEL BIS ZUR SOHLE

Intention dieses Buches ist es, ein Reiseratgeber zu sein, der Ihnen eine schnelle Orientierung gibt. Besonders unerfahrene und vorsichtige Familien sollten in möglichst allen Bereichen ein sicheres Gefühl bekommen. Mit unseren Sicherheits-Paketen, die von allgemein bis Auto über Strand und Safari wichtige Verhaltensregeln in quasi allen Lebenslagen- und Bereichen in Südafrika geben sollen.

TAKE A WALK ON THE WILD SIDE

Es ist erschreckend, wie viele Unfälle noch immer auf Safaris passieren. Dafür gibt es nur einen einzigen Grund: Selbst oder gerade bei Safaris mit unberechenbaren Wildtieren werden die strikten Regeln missachtet. Das kann hohe Geldstrafen zur Folge haben und sogar zum Tode führen.
Experten weltweit sind sich einig: Wird die Komfortzone eines Wildtieres gestört, wird es gefährlich. Und das zu Recht: Oder was würden

Im Knysna Elefant Park sind wir mit den wilden Tieren per Du

Sie sagen, wenn sich ein Elefant ungefragt an Ihren Küchentisch säs-se? Lesen Sie bitte dazu unsere aus „Take a walk on the Wild Side“ mit Ranger und Fachleuten zusammengetragenen Safari-Regeln.

TEIL II: AUF ENTDECKERTOUR

Südafrika ist ein Garant für Ferien mit dem Feel-Good-Faktor in einer Traumkulisse. So widmet sich Teil II den schönsten Routen rund um Gauteng, Kapstadt, dem Western Cape einschliesslich der Garden Route, der Kleinen Karoo und dem malariafreien Eastern Cape. Wir stellen Ihnen ausgewählte Unterkünfte und Restaurants vor, die wir oder unsere Mitarbeiter unter SWEET DREAMS und YUMMY alle persönlich getestet haben und die in der Branche als familienfreundlich bekannt sind. Wichtig war uns, nicht nur 5-Sterne-Häuser, sondern auch Unterkünfte der mittleren Kategorie – zum Beispiel Bed and Breakfast – bis hin zu Selbstversorger-Appartments, zu testen.

Dass Kinder in Südafrika in einigen Unterkünften gar nicht oder nur ab einem bestimmten Alter erwünscht sind, gehört immer mehr der Vergangenheit an. In Südafrika ist man überall auf Kids, die Kunden von morgen, eingestellt. Viele Hotels geben sich mit Babysitterservice, Spielzone, Kinderanimation, Kindermenüs und weiteren Überraschungen ganzjährig grosse Mühe. Vom Luxushotel bis zur familiären Gästefarm gibt es eine breite Palette an Übernachtungsmöglichkeiten für jeden Geldbeutel. Und das Schönste ist: Ob Lu-

Lebensfreude in St. James, Muizenberg

xushotel, familiäre Gästefarm oder Campingplatz, überall werden Sie mit Herzlichkeit und Hilfsbereitschaft empfangen.
So sind nun mal die Südafrikaner.
Familienfreundlichkeit gehört dort einfach zum Lebensgefühl dazu und zeigt sich in vielen Dingen. Kinderstühle in Restaurants, kindgerecht aufbereitete Ausstellungen in Museen, Wickelvorrichtungen in fast allen öffentlichen Gebäuden. Alle Sorten von Baby-Produkten werden zur Verfügung gestellt. Eine stillende Mutter in der Öffentlichkeit gilt hier, auch bei älteren Babies, als die natürlichste Sache der Welt.
In Kapstadt & Co kommen Kids bei den hervorragenden Kinderprogrammen voll auf ihre Kosten: Unterhaltungsangebote und spezielle Aufenthaltsbereiche wie Einkaufszentren mit Jungle Gyms und Indoor-Spielplätzen bieten stundenweise Betreuung an.
Überall schlägt Eltern Sympathie entgegen, so stellten wir nach jeder Reise fest. „Children" ist das Zauberwort. Kids sind klasse Kontaktvermittler, sozusagen die perfekten „Door-Opener". Denn ob Sehenswürdigkeiten, Safaris oder Strände, in Südafrika kommt man schnell in Kontakt mit ganz unterschiedlichen Familien, die zugleich immer herzlich, zupackend und entspannt reagieren.

SPIELPLATZ DER SUPERLATIVE

Und was für Abenteuer gibt es zu erleben?
Südafrika ist für Kids „nature´s playground" par excellence, ein Spielplatz der Superlative. Endlose Strände zum Buddeln, Delfine, Wale, Haie und Robben aus nächster Nähe.
Gezeitenpools für sicheres Baden, Berge und geheimnisvolle Kobold-Wälder lassen nicht nur Kinderherzen höher schlagen, wie unser Kapitel über Kapstadt und die Garden Route zeigt. Und wie wäre es mit einer Dosis Safari-Abenteuer ohne Malariagefahr in Madikwe?
Bei unseren Favoriten im Norden, der Tau Game Lodge, Jaci´s Tree & Safari Lodges und der Ant Collection können bereits die Allerkleinsten mit auf grosse Safari gehen und Tiere beobachten, die es sonst nur im Zoo oder auf dem Bildschirm zu sehen gibt.
Zudem können Familien auch im Eastern Cape einen entspannten Safari Urlaub verbringen, nach dem Motto: viel sehen, wenig Strapazen, wie beispielsweise die gut funktionierende Gästebetreuung der Kwandwe Ecca Lodge zeigt.

FAMILIENFLÜSTERN

Unser Anliegen ist es, dass Reisende mit Kindern von unseren jahrelangen Recherchen als erfahrene Reise-Eltern profitieren. Unsere wertvollen Tipps und Tricks, die wir als „Familienprotagonisten" von SAT (South African Tourism) für Eltern gesammelt haben und an Sie weitergeben möchten.

Ich habe genau das Buch geschrieben, das ich vor unserer ersten Reise selbst gerne lesen wollte. 2007 habe ich mit viel Begeisterung und Herzblut den Reiseführer „Sicher Reisen mit Kindern in Südafrika" (2008) geschrieben. Als unerfahrene Mutter mit einem Baby das erste Mal ans Kap zu reisen, hätte ich mir einen Reiseführer gewünscht, der ausschließlich Reisen mit Kindern in Südafrika thematisiert, so auch die Intention der Neuauflage.

Lassen Sie sich überraschen von der Beschreibung unserer ganz persönliche Safari-Highlights, Geschichten und Anekdoten. Storytelling aus Südafrika, FAMILIENFLÜSTERN, symbolisiert durch die Erdmännchen als sehr familienverbundene Tiere. Man sollte die Welt zeitlebens mit Kinderaugen sehen, schreibt sinngemäss Henri Matisse. Wir von M.C.P. berücksichtigen besonders den Blickwinkel kleiner Protagonisten. Bei uns kommen auch die zu Wort, um die es hauptsächlich geht. Was fanden unsere Jungurlauber besonders toll? Was würden sie anderen Kindern empfehlen? Was waren ihre Lieblingsplätze, und warum ist auch ein neues Kinderbuch in Planung.

VORFREUDE IST DIE SCHÖNSTE FREUDE

Für diejenigen, die sich das Abenteuer Afrika mit Kindern vorstellen können, haben wir von Multi-Culti-Press alle notwendigen Informationen, Tipps und Organisations-Zeitfenster zusammengetragen, um Ihnen die Planung soweit zu vereinfachen, dass Ihr Urlaub zu einer unvergesslichen Urlaubszeit wird.

Das Team von M.C.P. möchte möglichst vielen Familien Mut machen, mit Ihren Kindern Südafrika zu erobern, von unseren persönlichen Erlebnisberichten zu profitieren und diese an andere Familien weiterzuflüstern.

Denn Fazit unserer Reisen ist:

Niemand braucht auf sein Traumreiseziel Südafrika zu verzichten.

Sollte eine Reise nach Südafrika ein lang gehegter Wunsch sein, sind Kinder kein Grund, darauf zu verzichten. Im Gegenteil: ob Safari, Strand oder Sehenswürdigkeiten. Südafrika ist für Eltern und ihre Sprösslinge eine Schatztruhe voller Abenteuer und eine sichere Traumdestination, die boomt wie nie zuvor.

Auch Sie werden wie wir übersprühen vor Lebendigkeit, Inspiration und dem Gefühl, die ganze Welt umarmen zu wollen. Dem „Yolo, (You only live once) " Gefühl, das dieses Land voller Lebensqualität und Lebensfreude jedem Besucher, ob alt oder jung, immer wieder vermittelt.
Stop mit der ständigen Selbstoptimierung und auf zum neuen Trend für achtsame Eltern, der Entschleunigung heisst. Perfektion ist langweilig und stressig. Bleiben Sie cool, oder wie 007 sagte:
Sage niemals nein zu Abenteuern. Auf zu neuen Ufern und geniessen Sie die unvergesslichen Sonnenuntergänge unter dem Kreuz des Südens.

Und lassen Sie sich last, not least noch einen Tipp zuflüstern:

ES GIBT NUR EINEN ZEITPUNKT, MIT KINDERN ZU REISEN. ER HEISST JETZT.

Herzlichst
Ihre Astrid Mohné

Einmal anders unterwegs: Die Cape Sidecar Adventures in Kapstadt sind cool für Kids

Reisevorbereitung

★ Reise-Checkliste

Mit Kind und Kegel unterwegs- es ist immer ein Abenteuer! Besonders dann, wenn es mit den kleinen Entdeckern in exotische Länder geht. Südafrika ist sowohl für Eltern als auch für Kinder angenehm und gefahrlos zu bereisen. Voraussetzung ist allerdings eine gute Reiseplanung. Was muss wie organisiert werden, damit das Reisen mit Kindern ans Kap zum Kinderspiel wird? Viele Fragen und die wichtigsten Antworten:

Vorfreude ist die schönste Freude. Damit die Vorbereitung nicht in Stress ausartet, raten wir, frühzeitig damit zu beginnen (circa sechs Monate vorher), die To-do-Liste in zeitlicher Reihenfolge abzuarbeiten.

EINREISEBESTIMMUNGEN

Buchung

Dabei ist zu überlegen, soll es eine organisierte oder eine Individualreise sein? Wie viel wird es die ganze Familie kosten? Den umfangreichsten deutschsprachigen Reisekatalog für das Südliche Afrika bietet Süd–Afrika Tours. Dort sind viele ausgesuchte B&B´s, Gästehäuser, Lodges und Hotels abgebildet. Buchen Sie die Flüge, besonders in den Schulferien, rechtzeitig, dies ist 330 Tage vor Abflug möglich!

www.suedafrikatours.com

★ FAMILIENFLÜSTERN ★

Global Players

Familienflüstern ist en vogue. Die Kleinen auf grossem Fuss: Dass die Kids als Global Players bei Fernreisen Furore machen, zeigen weltweit die steigenden Umsatzzahlen bei den Reiseveranstaltern, vor allem für Afrika: Mit den Kids ans Kap, sowie die malariafreie Garden Route und das Eastern Cape sind dabei nach wie vor Vorreiter.

Wir können folgende Reiseveranstalter empfehlen, die auf Familienreisen spezialisiert sind und von der Selbstfahrer-Route bis hin zum „All Inclusive-Rundum-Sorglos Paket“ mit massgeschneiderten

Routenvorschlägen und Betreuung alles anbieten.
www.toucan-reisen.de, www.ast-reisen.de, www.intaba.de, www.familienreisen.com, www.erlebe-familienreisen.de www.safariworx.com.

Es gibt eine Liste an DOKUMENTEN abzuarbeiten:
REISEPÄSSE ÜBERPRÜFEN:
Einreisebestimmungen für deutsche Staatsbürger Südafrika ist für Touristen für 90 Tage visumfrei (Swasiland, zwei Monate).
Notwendig sind:

- noch 30 Tage über das Ausreisedatum gültiger Reisepass (Swaziland sechs Monate!)
- mindestens zwei freie Seiten für Ein-und Ausreisestempel
- gültige Rückflug- oder Weiterreisetickets
- ausreichend Geldmittel für den Aufenthalt

★ FAMILIENFLÜSTERN ★

Kindereinträge
im Reisepass der Eltern werden seit Juni 2012 nicht mehr anerkannt! Jedes Kind benötigt seinen eigenen Reisepass! Dieser darf nicht verlängert sein! Ab dem 1. Juni 2015 benötigen minderjährige Kinder (unter 18) eine Original-Geburtsurkunde mit beglaubigter englischer Übersetzung oder eine internationale Geburtsurkunde im Original, die sie bei **EIN**- und **AUSREISE** vorweisen müssen.
Es wird dringend empfohlen, eine Übersetzung durch einen **SWORN TRANSLATOR,** einen vereidigten Übersetzer, anfertigen zu lassen und diese englischsprachigen Erklärungen, plus **KOPIEN** und **ÜBERSETZUNGEN** mitzuführen.
Für Alleinerziehende/Verwitwete gilt:

- eine **AKTUELLE** Bescheinigung aus dem Sorgeregister über den Nachweis des alleinigen, gerichtlichen Sorgerechts über die sole custody (alleiniges Sorgerecht).
- AUCH in englischer Sprache übersetzt, durch einen beglaubigten Übersetzer! Dies geschieht problemlos bei Ihrem zuständigen Standesamt.
- Geburtsurkunde (unabridged birth certificate)
- Reisepass

Der Affidavit (der Nachweis des NICHT anwesenden Elternteils), also des Vaters, entweder mit der Reise einverstanden zu sein in Form der notariell beglaubigten eidesstattlichen Versicherung, Passkopie und Kontaktdaten soll angeblich nicht mehr erforderlich sein („No Affidavit is required from the child´s other parent"). Dieses wurde jedoch noch **NICHT** offiziell ratifiziert und von dem Auswärtigen Amt bestätigt, sodass wir **DRINGEND** raten, diesen auch noch zu besorgen.

Für eine eidestaatliche Erklärung kann ein eigener Entwurf oder die folgende Dokumentenvorlage genutzt werden:

www.suedafrika.org/downloads/Admission_children.doc

- Für Verwitwete ist die Sterbeurkunde des anderen Elternteils erforderlich.
- Personen, die mit Minderjährigen reisen die nicht ihre eigenen Kinder sind, wie zum Beispiel Grosseltern, müssen eine Kopie der vollständigen Geburtsurkunde des Kindes, sowie eidesstattliche Versicherungen, Passkopien und die Kontaktdaten beider sorgenberechtigter Eltern, bzw. des gesetzlichen Vertreters des Kindes vorlegen.
- Alleinreisende Minderjährige müssen darüber hinaus bei Einreise ein Bestätigungsschreiben sowie die Kontaktdaten und eine Passkopie derjenigen Person vorlegen, zu welcher der Minderjährige in Südafrika reisen soll.

Bitte beachten Sie, dass sich die speziellen Einreisebestimmungen für deutsche Minderjährige geändert haben und TÄGLICH ändern können! Es wird dringend geraten, vor der Reise nach detaillierten Informationen auf der Internetseite des Auswärtigen Amts zu schauen und sich bei der Botschaft in Berlin zu erkundigen.

www.auswaertiges-amt.de

Eine Einreise mit einem Passersatzdokument ist nicht möglich. Dies alles gilt ebenso für Kinderreisepässe. Es gibt keine Möglichkeiten, am Flughafen noch etwas zu ändern, neue Pässe ausstellen zu lassen oder verlängern zu lassen. Die Fluggesellschaften sind leider gezwungen, die Beförderung aller Gäste, die diese Einreisebestimmungen nicht einhalten, abzulehnen.

Sie wären nicht die erste Familie, die man zurückschickt! Manchmal geschieht dies aus purer Willkür. Machen Sie deshalb lieber nicht die Erfahrung mit der BB, bösen Bürokratie der Behörden, die strikt sind, und jemanden bei nicht vorhandenen Dokumenten nicht einreisen lassen. South African Airways übernimmt keinerlei Verantwortung und warnt: „Eventuell werden auch weitere Dokumente verlangt." Auch Multi Culti Press weist ausdrücklich darauf hin, dass wir zwar Auskünfte zu Einreisebestimmungen geben können, aber jeder Reisende selbst verantwortlich dafür ist, sich über aktuelle Einreisebestimmungen zu informieren und diese zu befolgen. Infos bei der südafrikanischen Botschaft: http://www.suedafrika.org/kontakt.html und auch das Auswärtige Amt www.auswaertiges-amt.de.
Oder/Und die für uns am aussagekräftigsten Seite des DHA, sowie das Department of Home Affairs.
www.dha.gov.co.za
www.suedafrica.org

Sechs bis vier Wochen:

REISE-CHECKLISTE

Termin beim Zahn, Kinder- und Hausarzt vereinbaren, eventuell eine Reiseversicherung abschließen, Impfschutz und Gültigkeit der Kreditkarten überprüfen, Internationalen Führerschein beantragen.

■ Pflegepersonal für Haustiere, Zimmerpflanzen und ggf. Garten organisieren, Wer kümmert sich um die Post? Was muss ggf. nachgeschickt werden? Zeitungen zu Freunden senden oder abbestellen.

■ Für den Notfall sollte man von allen Dokumenten Kopien anfertigen, die man getrennt aufbewahrt und etwas Devisen dabei haben, die man aber auch noch am Flughafen besorgen kann.

■ Steckeradapter fürs Hotel und Auto besorgen

■ Informationen über Land und Leute im Netz einholen: **www.südafrikamagazin.de, www.latka.de.** Jede Menge Information bietet **South African Tourism www.southafrica.net.**

■ Wenn Sie noch mehr über Südafrika und Kapstadt erfahren wollen, **www.kapstadt-tour.de, www.southafrica.info www.kapstadtmagazin.com, www.kapstadt.com**

Koffer für Eltern und Kinder

Ob drei Wochen oder drei Monate, die Devise muss lauten: „Weniger ist mehr". Was wichtig ist, passt in einen Koffer. Dies gilt auch für die Kinder, die es (abgesehen vom Baby) mögen, ihr Lieblingsspielzeug selbst zu packen und sich dafür auch verantwortlich fühlen.

Kleidung:

Zwei schönere Outfits zum Ausgehen (in sehr guten Restaurants und Hotels wird abends Wert auf korrekte Kleidung („smart") gelegt; Mützen für Wind und Sonne, feste Schuhe, Turnschuhe, Sandalen, Sweatshirt für evt. kältere Tage, Badehosen, Bikinis, Badelatschen (rutschfeste Gummischuhe für Kinder). Spezielle Safarikleidung ist nicht notwendig, lässt sich sonst in allen größeren Städten und den Shops der meisten Nationalparks preiswert kaufen.

Kosmetik

Für Kinder Sunblocker mindestens LSF 50. In Südafrika gibt es Kosmetik günstig zu kaufen, deshalb empfehlen wir die kleinen Probierdosen, für Erwachsene gibt es mittlerweile die praktischen Flugreisesets. Wichtig fanden wir Flüssigkeitsdesinfektionsmittel oder Tücher für die Hände.

Handgepäck

Flug- und sonstige Tickets, Reisepass, Impfpass, internationaler Führerschein, Bargeld, Krankenversicherung, Kreditkarten, Reisetagebuch, Reiseführer, Sonnenbrille, Fotoapparat, Videokamera, Akkus, Filme und Batterien. Keine Sorge, falls Sie etwas vergessen haben sollten: Fast alles gibt es günstig vor Ort.

Babies und Kids

Ausreichend Windeln und Feuchttücher, Kleidungsstücke zum Wechseln, Nuckelflasche, Schnuller, Schmusetier und Decke, Babykost (gibt es auch im Flugzeug auf Vorbestellung).

Getränke für die älteren Kinder, Spiele, Babykost, Bilderbücher, Malblock, Stifte und Spielsachen und Filme, gibt es aber auch im Flugzeug. Medikamente: Zäpfchen gegen Übelkeit, Nasen- und Ohrentropfen, Paracetamol-Fiebersaft, Reisekaugummi.

★ FAMILIENFLÜSTERN ★

Vergessen Sie nicht Fernglas und Taschenlampe. Auf Safaris, den Campingplätzen und in den Nationalparks sind das die Hits bei den Kids.

DOC HOLIDAY

Auffrischung von Impfungen

Für die Einreise nach Südafrika gibt es zwar keine Impfvorschriften. Trotzdem sollten Standardimpfungen wie Tetanus, Polio oder Diphtherie aufgefrischt sein. Oft liegen sie zu lange zurück und sind damit wirkungslos. Eine Impfung gegen Hepatitis A (meist in Kombination mit der noch gefährlicheren Hepatitis B) ist zwar kein Muss, aber für Eltern und Kinder ratsam. Vor Ort sollte auf gute hygienische Bedingungen geachtet werden: Insbesondere Krabbelkinder, die alles in den Mund stecken, sind anfällig für Würmer, Salmonellen, Hepatitis A. Die Risiken einer Ansteckung mit Influenza, Typhus, Tollwut oder Meningokokken müssen mit dem Arzt abgeklärt werden. Zur grundsätzlichen Vorsorge gehören Mückenschutz und evt. Malariaprophylaxe, falls Sie mit Ihren Kindern in den Krüger Park, Lesotho etc. fahren. Eine gebührenpflichtige Beratung online oder per Telefon bietet das Tropeninstitut. Zur Beantwortung Ihrer reisemedizinischen Fragen können Sie online einen Termin für eine ärztliche Beratung vereinbaren. Ein reisemedizinisch erfahrener Arzt/Ärztin ruft Sie anschließend unter der von Ihnen genannten Telefonnummer zu dem vereinbarten Termin zurück, es gibt eine Kindersprechstunde mit Beratung für eine Reiseapotheke. Kosten nach der Gebührenordnung für Ärzte (Ziffer 3 GOÄ):
ab 25.00 Euro.

www.tropeninstitut.de

Praktische Kids-Sets für die Reiseapotheke gibt es hier online zu bestellen. Außerdem können Sie Ihr Wissen über Erste-Hilfe-Maßnahmen auffrischen.

www.reiseapotheke.de

aktuelle Informationen über Impfbestimmungen, Krankheitsrisiken und Visumvorschriften.

www.auswaertiges-amt.de

Klimatabelle und gute Karte mit Malaria-Risikogebieten.

www.fit-for-travel.de

Familien-Reiseapotheke

Ansonsten berät Sie jeder Arzt und Apotheker gern und stellt Ihnen auf Wunsch eine Reiseapotheke zusammen. Zur Basisausrüstung gehört die aktuelle Medikation, ggf. Reisekrankheit- und Malaria-Medikamente, Sonnenschutzmittel, Insektenschutzmittel. Alles andere

und die besten Ärzte gibt es vor Ort.
www.suedafrica.org

FLIEGEN MIT KINDERN

Die Flugdauer beträgt etwa 10-12 Stunden. Dafür gibt es keine Zeitverschiebung– der lästige Jetlag fällt also weg.

★ FAMILIENFLÜSTERN ★

Diese Stunden im Flugzeug mit Babys und quirligen Kleinkindern brauchen weder anstrengend noch nervenaufreibend sein. Die alte Faustregel Flug flugerfahrener Eltern ist deshalb, einen Nachtflug zu buchen. Schlafend kann ein Kind die lange Reise auf jeden Fall am besten überstehen und der gewohnte Schlafrhythmus kommt einem zu Hilfe. Neben dem Kuscheltier für Kleinkinder ist eigenes Spielzeug nicht notwendig, das Bordpersonal hat genug Geschenke für die jungen Gäste. Viele Fluglinien wie SAA (South African Airways) zeigen auf der Langstrecke Cartoons.

Familienschalter

Viele Fluggesellschaften wie auch SAA haben einen eigenen Check-in-Schalter für Familien, dort können die für Kleinkinder reservierten Plätze an Bord gesichert werden. Wer mit viel Gepäck reist sollte einen Vorabend-Check-in machen, das erspart lange Warteschlangen.

Ratz-Fatz

Legen Sie Babies und kleine Kinder am Vorabend eines frühen Tagesfluges mit der fertigen Reisekleidung (Strampler, Leggings) ins Bett. Das hat den großen Vorteil, dass man die Sprösslinge so schlafend ins Taxi tragen kann und einem der „nächtliche Umzugstress“ erspart bleibt. Babies nicht im Schlafsack transportieren, da man sie so nicht im Kindersitz anschnallen kann.

Abflug

Nicht nur wegen der Sicherheitskontrollen sollten Familien sehr rechtzeitig am Flughafen erscheinen, dann lassen sich auch Hektik und Stress vermeiden. Kinder haben noch ein wenig Zeit, sich auf die Atmosphäre am Flughafen einzustellen. Bei Tagesflügen kann man von der Aussichtsterrasse das Geschehen auf dem Rollfeld beobachten. Babynahrung darf ins Handgepäck, muss aber bei der Sicherheitskontrolle vorgezeigt werden. Liniengesellschaften wie Lufthansa und SAA bieten bei Vorbestellung gratis Kindermenüs.

Kindersicherheit an Board

Kinder unter zwei Jahren haben keinen Anspruch auf einen eigenen Sitzplatz. Manche Airlines benutzen Loopbelts, bei Start und Landung wird das Kind auf dem Schoß mit einem Tandemgurt befestigt. Kindern unter sieben Jahren oder unter 1,25 Meter Körpergröße sollten in einem für Alter und Größe zugelassenen Autokindersitz auf einem eigenen Sitzplatz fliegen, der auf dem Flugzeugsessel befestigt wird.

★ FAMILIENFLÜSTERN ★

Experten für Kindersicherheit empfehlen, nur Autokindersitze zu benutzen, die ein Tüv-Qualifizierungsverfahren durchlaufen haben. Achten Sie auf den Tüv-Rheinland-Aufkleber „For Use in Aircraft", den die meisten Modelle wie Maxi Cosi, Storchenmühle, Römer BabySafe, haben, oder besorgen Sie sich einen aufblasbaren Luftikid **(www.luftikid.com)**

Babys an Board

Laut Flugmedizinern bewältigen schon Säuglinge unter einem Jahr lange Flüge. Es sei denn, sie werden von einem schweren Schnupfen oder einer Mittelohrentzündung geplagt–in solchen Fällen sollten jedoch auch Erwachsene am Boden bleiben.

■ Wer mit kleinen Kindern reist, darf vor allen anderen Passagieren zuerst ins Flugzeug einsteigen. Das bevorzugte Boarding hat den Vorteil, dass man sich in Ruhe im Flieger orientieren und einrichten kann. Als Alleinreisender Elternteil sollten Sie erst recht die Warteschlange ignorieren und Hilfe in Anspruch nehmen.

■ Reservieren Sie vor dem Flug rechtzeitig ein Babybettchen. Versuchen Sie vorab einen Platz in den für Familien vorgesehenen ersten drei Reihen zu bekommen.

■ Versuchen Sie am besten, etwa 15 Minuten vor dem Betreten des Flugzeugs noch einmal die Windeln zu wechseln. Die Bordtoiletten im Flieger sind sehr eng.

■ Damit das Baby mit dem Druckausgleich keine Probleme hat, bei Start und Landung stillen oder ein Fläschchen geben. Größere Kinder dürfen Kaugummi kauen oder trinken, das nimmt den Druck von den Ohren.

■ Und daran denken: Die Luft ist im Flugzeug sehr trocken. Viel Trinken im Flugzeug ist gerade für Kinder sehr wichtig.

★ FAMILIENFLÜSTERN ★

Zahnmedizin, Beißring, Brei-Gläschen, Unterlage für Wickelauflage im Flieger und Baby- Lieblingsrassel nicht vergessen.

Vorsorge und Erste Hilfe vor Ort

Kapstadt ist eine sehr europäische Stadt und die medizinische Versorgung ist hier wie überall in Südafrika gesichert. Schließlich fand die erste Herz-Transplantation in Kapstadt statt. Entlang der touristischen Routen, aber auch abseits der Wege, kann mit kompetenter Hilfe gerechnet werden. Auch außerhalb der normalen Öffnungszeiten stehen in den größeren Städten stets Notapotheken zur Verfügung. Landesweiter Notruf für Rettungswagen 10 177.

Vor Ort gibt es außerdem genügend deutschsprachige Ärzte, die leicht zu finden sind. Das Zentrum für Reisemedizin hat auf seiner Homepage Praxen und Krankenhäuser. www.crm.de. Weitere Adressen vermitteln Krankenkassen, Reiseversicherer und das Auswärtige Amt. Europäische Krankenscheine werden hier nicht akzeptiert. Stellen Sie sich darauf ein, mit cash oder per Kreditkarte in Vorkasse zu gehen. Deshalb empfehlen wir eine zusätzliche Fernreise-Krankenversicherung. Sprechen Sie darüber mit Ihrer Krankenkasse. Außerdem bieten diverse Kreditkarteninstitute Assistance-Pakete an. Belege unbedingt aufbewahren, da sie nach der Reise dort eingereicht werden müssen, um das Geld erstattet zu bekommen.

Deutschsprachiger Arzt in Kapstadt

Neben den staatlichen Krankenhäusern gibt es in allen größeren Städten private Kliniken, die mit den modernsten Geräten ausgestattet sind und einen effizienten medizinischen Service bieten. Für Notfälle sind sie 24 Stunden erreichbar und überweisen auch an deutschsprachige Kinderärzte. In Kapstadt kann ich empfehlen:

DoctorsRooms on Kloof
Dr. Watermengere
3 Kloof Nek Road
Tamboerskloof 8001

★ FAMILIENFLÜSTERN ★

Fragen Sie im Ernstfall vor Ort das Management im Hotel oder in Ihrem Guest House nach einem guten Arzt oder der nächsten Klinik. Unserer Erfahrung nach wissen Ortsansässige immer am besten Bescheid.

Viel Trinken

In Ländern mit hohen Temperaturen ist es wichtig viel zu trinken. Nur so kommt der Körper mit dem Klimawechsel zurecht. Versuchen Sie, mehr als drei Liter pro Tag zu sich zu nehmen, um den Flüssigkeitsverlust auszugleichen. Am besten Mineralwasser (für Kinder Apfelschorle oder Tee).

Reiseübelkeit

Wenn Ihr Kind an Reisekrankheit leidet, sollten Sie folgende Tipps beachten: Ablenken wirkt wahre Wunder. Leichte Snacks besänftigen den Magen. Ein guter Tipp ist auch, einen Nachtflug zu wählen und somit einen Großteil der Strapazen zu überschlafen. Wir haben uns mit dem für Kinder beliebtesten Mittel gegen Reisekrankheit, „Reisekaugummi" über Wasser gehalten, der erst im Bedarfsfall gekaut werden muss. Homöopathische Mittel gegen Reiseübelkeit sind Tabacum D30, alternativ Cocculus D4 oder Petroleum D4.

Durchfall

Schnelle Hilfe gegen „Montezumas Rache": Wer dennoch den Tag in Nähe der Toilette statt am Strand verbringen muss, sollte als erstes die verlorene Flüssigkeit und die ausgeschwemmten Mineralstoffe ersetzen. Elektrolyt-Präparate aus der Apotheke stärken den Salz und Flüssigkeitshaushalt. Wenn ihr Kind mehr als 6-12 Stunden Durchfall hat, lieber einen Arzt aufsuchen, um abzuklären, dass es sich keinen ernsthaften Infekt zugezogen hat.

Ohrenschmerzen

Da die Belüftung des Mittelohrs bei vielen Kindern behindert ist, bekommen sie durch die Luftdruckveränderung bei Start und Landung oft Ohrenschmerzen. Dagegen helfen Nasentropfen, die dem auf dem Rücken liegenden Kind vor Reiseantritt und dann alle 4-6 Stunden gegeben werden sollten. Wenn trotzdem Schmerzen auftreten, leichte Schmerzmittel (z. B. Paracetamol- Saft oder -Zäpfchen) geben.

Malariaprophylaxe

Das einzige ernsthafte Problem kann in Südafrika Malaria werden. Kinder unter 10 Jahren sollten noch nicht die starken prophylaktischen Medikamente nehmen. Eltern mit **KLEINKINDERN** sollten entsprechend **MALARIAFREIE** Destinationen wählen sowie Mückenschutz betreiben. Bei den Reiserouten braucht man sich auch

nicht sonderlich einschränken, da die Malariagefahr nur lokal, nämlich im nördlichen Küstengebiet von KwaZulu-Natal und im Lowveld, also auch dem Krüger-National-Park besteht und da werden wir Ihnen wunderschöne, malariafreie Wildreservate empfehlen, die dem überlaufenden Krüger Park in nichts nachstehen.
Aber wenn es beruflich notwendig ist, ein Malariagebiet zu bereisen? Ab welchem Alter vertragen Kinder Malariaprophylaxe? Ab fünf Kilo Gewicht dürfen Kinder Lariam einnehmen, ab 11 Kilo auch Malarone. Doxycyclin ist für Kinder ab acht Jahren zugelassen. Da Malariatabletten bitter sind, am besten unzerkaut mit Saft schlucken oder im Mörser zerreiben und mit Marmelade vermischen. Gestillte Kinder benötigen eine eigene Prophylaxe mit Resochin, die Muttermilch bietet keinen Schutz.

Sonnenschutz

Sonne gehört natürlich in Südafrika einfach dazu. Aber man sollte die Intensität der Sonneneinstrahlung niemals unterschätzen. In Südafrika herrscht für jeden Durchschnittseuropäer Sonnenbrandgefahr, ganz besonders natürlich für kleine Kinder. Und Sonnenbrand bedeutet nicht nur eine einmalige Verbrennung der Haut, die mehrere Tage schmerzen kann.

★ FAMILIENFLÜSTERN ★

Kinder und Sonne

Tipps von der renommierten Dermatologin Frau Dr. Rosita Süß, München. Das gefährliche ist, dass die Haut Sonnensünden niemals verzeiht. Akute und chronische Schädigungen der Haut durch UV-Licht führen zu Veränderungen der DNS und Struktur der Hautzellen. Nach Jahren treten maligne Veränderungen in Form von Hauttumoren auf.

- Insbesondere Babies und Kleinkinder dürfen auf keinen Fall **UNBEKLEIDET** der prallen Sonne ausgesetzt werden. Kopf und Schultern und Körper mit langer, luftiger Baumwollkleidung bedecken, T-Shirts beim Baden anlassen, (d. h. das Kind niemals mit unbedecktem Oberkörper im Wasser planschen lassen).
- Der beste Sonnenschutz ist geeignete Kleidung zur Bedeckung von Kopf und Körper (Textilien mit Sonnenschutz z.B. Tschibo, Kopfbedeckung mit Nackenschutz).
- Bei Sonnenexpositum einen hohen Sonnenschutz mit mindestens

Lichtschutzfaktor 30 wählen, das Sonnenschutzmittel sollte 30 Minuten vor Verlassen des Hotels aufgetragen und mehrfach nachgecremt werden, um den Wirkungsverlust durch Wasserkontakt, Abrieb oder Schwitzen auszugleichen.

■ Die maximale Verweildauer-abhängig vom Hauttyp- wird dadurch allerdings nicht verlängert. Bei Kindern mineralischen Sonnenschutz z. B. mit Titandioxid bevorzugen, da diese nicht in die Haut eindringen und weder Photo- noch Kontaktallergien auslösen. Eiserne Regel für Babys und Kleinkinder ist, sich möglichst viel im Schatten aufzuhalten.

■ Auf jeden Fall die grelle Mittagsonne meiden (halten Sie von 11.00-15.00 Uhr eine Mittagssonne ein).

Sonnenbrand

Gesamte Fläche kühlen, z. B. mit feuchten Tüchern. Bei schweren Verbrennungen, z. B. mit Blasenbildung, Arzt aufsuchen. Bei initialen (anfänglichem) Sonnenbrand hat sich die äußerliche Anwendung von Glukokortikoiden (Kortison) in Cremes, Schaum oder milchigen Zubereitungen bewährt.

Insektenschutz (bei Malaria-Gebieten)

Wichtig ist ein effektiver Schutz in Form von heller, langärmliger Kleidung, langen Hosen und Socken. Repellents wie z. B. Zedan, Autan family verwenden, Stiche sofort kühlen, Zwiebelscheibe auflegen (antihistaminika-haltige Salben lösen manchmal Allergien aus). Günstigen Mückenschutz gibt es zudem in Südafrika in jeder Apotheke zu kaufen.

REISEPRAKTISCHE TIPPS VON A-Z

Adressen können sich nach unseren eigenen Erfahrungen in Südafrika sehr schnell ändern. Deshalb unbedingt unmittelbar vorher auf Aktualität überprüfen!

Anreise

Viele bekannte Fluglinien bieten täglich Flüge in die grossen Metropolen Südafrikas an. Lufthansa und South African Airways fliegen täglich von Frankfurt und München nach Südafrika.

★ FAMILIENFLÜSTERN ★

Wir empfehlen South African Airways, die ist für uns die familienfreundliche Airline par excellence: Ein Paradies für Eltern mit

(kleinen) Kindern. Neben speziellen Kindermenüs (bis 48 Stunden vor der Abreise bestellen), gibt es an Bord Mal- und Spielsachen sowie persönliche Monitore an jedem Platz mit einer Auswahl an Kinderfilmen. Damit die Zeit für die Kleinen wie im Flug vergeht. Die Flugdauer beträgt etwa 10-12 Stunden. Günstiger fliegen: Preise sind saisonabhängig, in unserem Sommer sind sie günstiger. Mit SA Airlink existiert ein dichtes Inlandsflugnetz.

www.flysaa.com
www.saairlink.co.za
www.lufthansa.com

Auto

Empfehlenswert ist es, Südafrika mit einem Mietauto zu entdecken. Das Straßennetz ist ausgezeichnet. Sie benötigen einen internationalen Führerschein und es herrscht Linksverkehr. Auf Angebote der großen Mietwagenfirmen Avis, Bidvest, Europcar, Hertz achten.
Buchen Sie möglichst schon von zu Hause, das ist viel günstiger. Als optimal erweisen sich auch vorab gebuchte Kombinationen aus Flug + Mietwagen + Hotel. Bei einem längeren Aufenthalt würden wir empfehlen, die Kindersitze aus Deutschland mitzunehmen, um so Kosten zu sparen. Kalkulieren Sie für Fahrten mit Kindern höchstens Strecken von 200 bis 250 Kilometer pro Tag ein und denken Sie an Aircondition und Sonnenschutz. Machen Sie alle zwei Stunden eine Pause und planen Sie das Etappenreiseziel so, dass es immer vor Einbruch der Dunkelheit erreicht werden kann. In den Rucksack/Wickeltasche gehören bei Ausflügen: Windeln, Feuchttücher, Garnitur zum Wechseln (Body, Socken, Strampler, warmer Pullover) Mütze für Wind und Sonne, Sonnencreme, Sonnenbrille, Schnuller, Spielzeug, Bilderbuch, Getränke, Teeflasche, Tupperdose mit Obst und Sandwich, Taschenmesser, Papiertaschentücher, Reisetabletten, Kühlbox Abfalltüte, Handy.

★ FAMILIENFLÜSTERN ★

Richies Rentals

Der Geheimtipp in Kapstadt ist die Autovermietung von Richard Luke, gut, günstig und je nach Gusto gibt es eine preiswerte, saubere

und mit 24-Stunden-Pannenhilfe ausgestattete familienfreundliche Auto-Flotte.
www.richiesrentals.co.za

Bon Appetit
Die Multikultiküche Südafrikas spiegelt die kulturelle Vielfalt der Bewohner, wider, die bei dem kulinarischen Potpourri mitmischen. Am Kap bekommt man oft Malaien Bobotie (Lammfleisch mit Curry und Kartoffeln als Pastete), Bredies (Gemüsetopf) und Samoosas (gefüllte Teigtaschen). Die Südafrikaner lieben ihr Braai, ein Barbeque, das noch aus der Zeit der großen Burentreks stammt.

★ FAMILIENFLÜSTERN ★

Biltong: Beissring für Babies
Wie auch das Biltong, getrocknetes Rind-, Wild-oder Straußenfleisch, eine Spezialität der südafrikanischen und namibischen Küche, das übrigens in diesen Kulturen auch als Geheimrezept der Mütter für zahnende, unruhige Kinder gibt. (Wir haben es selbst ausprobiert und fanden diese natürliche Variante auf jeden Fall kinderfreundlicher als die texanische Variante, die wir kopfschüttelnd verneint haben: „Try whiskey").

Neben Steaks und der Boerewors, Südafrikas Nationalwurst, landet aber auch Seafood aller Art auf den Tellern. (Crayfish, Kingklip, Yellowtail, Cape Salmon, Snoek, Calamari, Austern). Restaurants und südafrikanische Weine sind hier aufgelistet:
www.dining-out.co.za
www.eatout.co.za
www.wine.co.za

Lekker
ist ein Wort, das die Südafrikaner nicht nur für gutes Essen anwenden. Sondern es spiegelt ein positives Lebensgefühl wider und wird in allen Lebenslagen angewandt. Lekker Wetter, lekker Surf, lekker Family …

Camping
Bei weißen Südafrikanern sehr beliebt. Darum verfügt das ganze Land über mustergültig geführte Caravanparks, deren Dichte vor allem entlang der Küsten keinen Wunsch unerfüllt lässt, über 750. Wie

die Tierparks sind auch die Campingplätze in den Nationalparks bestens organisiert und mit allem ausgestattet, was das Leben angenehm macht. Duschen gibt es überall und dank Grillplätzen, Restaurants und Küchen für Selbstversorger sind auch die Mahlzeiten abwechslungsreich. Beinahe alle NP´s und Reservate verfügen über wohlausgestattete Rundhütten (Rondavels) mit Kochgelegenheit, normale Hütten (Cabins) oder gehobenen Chalets mit zwei/vier/sechs Betten: ca. 8-15 Euro/Person. Meist zentral, einfach: städtische Campingparks, sie kosten im Schnitt nur fünf Euro/ Standplatz ungeachtet der Personenzahl, selten Stromanschluss. Mehr Komfort, oft mit Pool und Einkaufsladen, immer mit Grillplatz bieten die staatlichen Caravanparks und Plätze in Nationalparks, sie kosten 10-15 Euro/Platz.
www.caravanparks.co.za
Aufgrund seines Klimas ist Südafrika ein ideales Land für Zelten mit Kindern. Ausgezeichnete Campingplätze heissen Familien weltweit willkommen. Vom wild zelten ist aus Sicherheitsgründen insbesondere mit Kindern dringend abzuraten. Wer dennoch das Risiko wagt, dann nur bei den Raststätten „Ultra-Shell-Cities“ entlang der Nationalstraßen, das ist sogar kostenlos, unterm Dach. Mit Sicherheitsdienst, Restaurant rund um die Uhr und sauberen Sanitäranlagen.

★ FAMILIENFLÜSTERN ★

Wohnmobil

Für junge Familien ist die Anmietung eines Wohnmobils eine Überlegung wert. Das Angebot reicht vom sparsamen Explorer Club (zwei Personen) bis zum voll ausgerüsteten Straßenschiff mit fünf Schlafgelegenheiten. Und einer der 600 Caravanparks liegt immer in der Nähe. Zentrale Adresse für Campmobile: South African Camping & Caravan Club.

www.caravanparks.co.za
www.keacampers.com
www.foreversa.co.za.
www.pongolacaravanpark.co.za

Aus finanziellen und versicherungsrechtlichen Gründen ist es empfehlenswert, den Flug und das Wohnmobil bereits in Deutschland im Doppelpack zu buchen.

www.toucan-reisen.de
www.sunway-safaris.com

www.afroventures.co.za
www.karawane.de
www.adacreisen.de

Einkaufen

Es gibt in jeder größeren Stadt jede Art von Babyprodukten und – Nahrung zu kaufen. Baby- Kinderkleidung ist übrigens deutlich günstiger als in Europa. Einkaufszentren und Casinos bieten stundenweise Betreuung der Kleinen in Spielgruppen und haben sehr gut sortierte Spielzeugläden.

★ FAMILIENFLÜSTERN ★

Pick‘ n Pay ist sehr zu empfehlen, ein gehobene Supermarktkette, konzentriert auf Lebensmittel, aber auch Kleidung und Kinder-Lebensmittel (auch Diabetes), mit vielen verschiedenen Theken, wo Deli-Spezialitäten zum Mitnehmen angeboten werden. Yummy!
www.picknpay.co.za

Feiertage

Sollte der Feiertag auf einen Sonntag fallen, dann ist der darauf folgende Montag der offizielle Feiertag!
New Year: 1. Januar
Human Rights Day: 21. März
Freedom Day: 27. April
Workers Day: 1. Mai
Youth Day: 16. Juni
National Women's Day: 9. August
Heritage Day: 24. September
Christmas Day: 25 Dezember
Day of Goodwill: 26. Dezember

Fernsehen

Südafrikas Fernsehwelt ist beherrscht von der übermächtigen „South African Broadcasting Coporation (SABC), die mehrere Programme in allen 11 Landessprachen ausstrahlt, wobei auf den zwei Hauptprogrammen hauptsächlich in Englisch oder Afrikaans gesendet wird. Um beizeiten quengelige Kinder auf dem Hotelzimmer ein wenig zu beschäftigen: SABC I hat vormittags zweisprachig eine nette Kindersendung à la Sesamstrasse, „School TV“ genannt, circa ab 10.00. Uhr vormittags und „Boomerang TV“ zeigt kindgerechte, gewaltfreie Zeichentrickserien.

Geld

1 EUR entspricht zur Zeit 14,48 ZAR. (Stand 9. Januar 2017).

Geschichte

Das Land am Kap ist auch die Wiege der Menschheit. Bereits vor Zehntausenden von Jahren waren dort die Khoi oder San ansässig, die in den Cederbergen phantastische Felsmalereien hinterliessen. Briten und Portugiesen waren die ersten, die das Kap umsegelten. 1652 ließen sich dann die ersten Europäer in der Tafelbucht nieder. Im Auftrag der Holländisch- Ostindischen Seefahrts-Kompagnie legte Jan van Riebeeck große Gemüsegärten an, die die Seefahrer auf dem Weg nach Asien mit frischer Kost versorgen sollten. Später machten holländische, britische, französische und deutsche Siedler mit Hilfe der Urbevölkerung das große Land urbar.

Klima

Kapstadt und die Garden Route haben ganzjährig ein mildes, ausgeglichenes Klima, das mehr den Mittelmeerländern als dem tropischen Afrika ähnelt. Im Jahresdurchschnitt scheint die Sonne mindestens acht Stunden pro Tag. Die Wassertemperatur in Kapstadt beträgt den ganzen Sommer über ca. 19 Grad. Richtung Garden Route wird der Ozean immer wärmer.

Kulturen

Die „Rainbow People of God“, wie der Kapstädter Erzbischof Desmond Tutu die südafrikanische Bevölkerung beschreibt, zeichnen sich durch ihre ethnische, sprachliche und kulturelle Vielfalt aus. Etwa die Hälfte der ca. 4.3 Mio. Einwohner im Großraum Kapstadt sind Coloureds, Nachkommen weißer Siedler aus Europa, schwarzer Einheimischer und importierter Sklaven aus Asien. Sie bilden die größte Bevölkerungsgruppe, gefolgt von den Schwarzen und Weißen.

Ubuntu

Südafrikaner und Kapstädter sind immer sehr höflich, der Umgang und das Gemeinschaftsgefühl, Ubuntu, sind nicht nur leere Worthülsen. Sondern wird in der Regenbogennation richtig gelebt und jeden Tag neu praktiziert.

Pools

Hotels, Lodges und Gästehäuser, die auch kleinere Kinder nehmen, wie auch die meisten Schwimmbäder in privaten Häusern, verfügen fast immer über einen gesicherten Pool.

Sprache

Es gibt insgesamt 11 offizielle Sprachen, am bedeutendsten sind Zulu, Xhosa, Afrikaans und Englisch. Afrikaans entspricht einer vereinfachten Form des Holländischen.

Tankstellen

Das Tankstellennetz in Südafrika ist dicht und die Benzinpreise sind günstig. Große Tankstellen haben oft 24 Stunden geöffnet. Benzin kann oft nicht per Kreditkarte, sondern nur bar bezahlt werden.

★ FAMILIENFLÜSTERN ★

Die Gelegenheit zum Tanken können Eltern mit Kindern prima mit einer kleinen Pause, wie z.B. dem Verzehr von Lunch-Paketen, verbinden. Denn in der Regel sind die Tankstellen in Südafrika in puncto Sauberkeit, Hygiene und Umweltschutz hervorragend.

Sehr kinderfreundlich sind sie obendrein. Es gibt nicht nur Spielplätze, sondern oft ist ein Farmstall (ein Minitatur-Bauernhof) dabei, wo die Kleinen Hühner, Enten, Gänse, Meerschweinchen, Hasen und Ziegen streicheln können.

Taxi

In den großen Städten sind Funktaxen verfügbar; sie haben Taxameter. Die Tarife differieren. Als Anhaltspunkt gilt ein Preis von etwa vier Rand pro Kilometer plus der Grundgebühr. Die meist prallgefüllten und oft zu schnell fahrenden Minibusse sollten Eltern mit Kleinkindern auf keinen Fall benutzen.

★ FAMILIENFLÜSTERN ★

Uber Taxi

Im Jahre 2008, an einem verschneiten Abend in Paris, ärgerten sich Travis Kalanick und Garrett Camp, dass sie kein Taxi bekamen. Die Idee für eine Fahrtenvermittlung mit nur einem Fingertipp entstand und wurde ein Weltunternehmen. Uber´s „Everyone´s private driver“ sind preiswert und gut, man kann sich die App auf sein Handy laden, anrufen und Sekunden später kommt das Taxi.

www.uber.com

★ FAMILIENFLÜSTERN ★

Trainspotting

Echt abgefahren, im luxuriösesten Zug der Welt, dem legendären Dampflok getriebenen Rovos Rail oder „Pride of Africa." Kabinen, Salons und Speisewagen sind im Stil der Jahrhundertwende eingerichtet, ausgezeichnetes Essen, hervorragende Weine, ein kolonialer Traum. Lebe nicht Dein Leben, lebe Deinen Traum, Lebensmaxime von Eigentümer Rohan Vos, Visionär, Schöpfer, Pionier. Nun ist der smarte Gentleman mit seinem „Fünf-Sterne-Luxus auf Rädern" wieder auf Kurs. Mit (Pty)Ltd. hat der südafrikanische Luxus-Bahnbetreiber den Shongololo Express zurück ins Leben gerufen. Nach dem Kauf des Drei-Sterne-Zuges zu Beginn des Jahres ist der beliebte Express nun wieder auf den Schienen Südafrikas unterwegs. Insgesamt sind drei verschiedene Strecken buchbar: So fährt der Zug von Pretoria aus nach Kapstadt, zu den Viktoriafällen oder nach Swakopmund in Namibia. Nach einer kleinen Restaurierung verfügt die Eisenbahn nun über En-Suite-Kabinen und befördert bis zu 72 Personen.
Der Shongololo-Express fährt ausschliesslich nachts.
Tagsüber können Reisende an verschiedenen Ausflügen teilnehmen.
www.rovos.co.za
www.shongololo.com

Telefonieren

Die Netze D1, D2, und E-Plus können via Roaming in Südafrika benutzt werden. Kostengünstiger ist es bei Ankunft am Flughafen ein Handy (Cellphone)zu mieten oder eine Pre-Paid Card (Airtime) für das eigene Gerät zu erwerben. Vorwahl nach Deutschland 0049.

Trinkgeld

Auch wenn das Bedienungsgeld schon in der Rechnung enthalten ist, wird vom Restaurantservice ein „Tip" von etwa 10 % erwartet, denn das Personal lebt fast ausschliesslich vom Trinkgeld. Ein Kofferträger erhält etwa zwei Rand pro Gepäckstück, dem Zimmermädchen sowie den Parkwächtern sollte man mindestens fünf Rand zukommen lassen. Ein Tipp für das Tip: Vergessen Sie beim Trinkgeld auch nicht die Lodges, Gästefarmen und Hotels, die eine kleine „Tip-Box" bereit stehen haben.

Rauchen

Seit April 2001 gelten strengere Gesetze bzgl. des Rauchens in öffentlichen Gebäuden, Staatsgebäude, Shopping Malls und Flughäfen sind rauchfreie Zonen. Restaurants, Bars, und selbst Shebeens müssen „Nichtrauchersektionen“ aufweisen, was bei kleineren Lokalitäten dazu geführt hat, dass sie ganz rauchfrei sind.

★ FAMILIENFLÜSTERN ★

Obwohl das Wegwerfen von Zigarettenkippen mit Strafgeldern geahndet wird, findet man sie gelegentlich an Stränden, das heisst besonders mit Babies und Krabbelkindern aufpassen.

Reisezeit

Bevorzugt werden März und April, dann ist es noch sonnig, warm und vor allem windstill. Ein guter Kompromiss zwischen Wetter, Preisen und touristischem Ansturm. Wer in der Hochsaison von Oktober bis Februar nach Südafrika reisen möchte, sollte mit überhöhten Preisen rechnen.

Unterkünfte

Im Vergleich mit den 12 beliebtesten Destinationen gehört Südafrika zu den Top Urlaubszielen der Welt, gut und günstig. Entsprechend der Reisekasse bietet sich dem Besucher eine vielfältige Palette zwischen Luxushotel bis preiswert.

★ FAMILIENFLÜSTERN ★

Es gibt nur einen Zeitpunkt, mit Kindern zu reisen, der heisst jetzt. Sie werden sich später ärgern, wenn Sie mehr oder ab 12 Jahren den vollen Preise bezahlen müssen. Das merkt man schon, besonders bei zwei oder drei Kids. Es sind nicht nur die Flüge, die für Kinder bis 11 Jahre günstiger sind. Wer noch keine schulpflichtigen Kinder hat kann auch sehr preiswert wohnen. Kinder unter sechs Jahren wohnen teilweise umsonst mit bei den Eltern oder zahlen nur 50 Prozent. Zur Hochsaison wird vor allem in den Ferienzentren entlang der Küste bis zum Doppelten des Normalpreises kassiert, teilweise auch an Wochenenden. Dafür wird´s billiger mit Midweek Specials (mind. 2 Nächte), ganz billig wenn man auf Frühstück oder gar Vollpension verzichtet. Unbedingt nach so genannten Specials erkundigen! Haupt/Nebensaisontarife erfragen. Beinahe wöchentlich werden neue, gute und preiswerte Unterkünfte offeriert. Angebot und Qualität dieser Übernachtungsmöglichkeiten sind ebenso wie das

Preis-Leistungsverhältnis bei Hotels und Campingplätzen mit Selbstversorgerhütten, aber auch oft in den kleinen, eleganten Landhotels und Guest Houses exzellent. Die Website des südafrikanischen Reisemagazins Getaway ist eine Fundgrube für alle Individualreisenden:
www.getawaytoafrica.com
Eine große Auswahl an Busch-Camps, Ferienhäusern und Selbstversorger-Apartments und Bed & Breakfast, Gästehäuser, Lodges bis hin zur Villabieten oft preiswert:
www.airbnb.com

Hotels

Alle Übernachtungsmöglichkeiten in Südafrika sind ähnlich wie bei uns in Europa nach dem Sterne-Prinzip klassifiziert. Generell sind Hotels, die jedem internationalen Vergleich standhalten, wesentlich preiswerter als bei uns. Auf dem Lande und in niedriger klassifizierten Hotels findet man aber auch durchaus empfehlenswerte Unterkünfte. Obwohl insgesamt 5-Sterne die besten Hotels auszeichnen können, genügen bereits 2-Sterne-Hotels durchschnittlichen Ansprüchen.

★ FAMILIENFLÜSTERN ★

Marriott Protea Hotels

Unser absoluter Spitzenreiter der familienfreundlichen 3-Sterne-Häuser sind die Protea Hotels, seit Juni 2016 vereint mit Marriott International, Inc., ein US-amerikanisches Hotelunternehmen, das mehrere Hotelketten betreibt. Im Gegensatz zu den standardisierten Hotel- „Kästen“ haben die ganz unterschiedlichen, zum Teil historischen Hotels Charme und Stil, ein ProKidz- Label und erfüllen nach Meinung der Fachleute die Ansprüche internationaler Reisegruppen durch gleichbleibend gute Qualität, hervorragendem Service sowie Gast- und Familienfreundlichkeit in meistens sehr guter Lage. Allein sechsmal in Kapstadt vertreten, bietet Protea by Marriott als Anreiz für Stammgäste die Procard an. Man erhält bereits beim ersten Besuch 20 Prozent Rabatt auf den Zimmerpreis. Die Silver Card gilt nur für Übernachtungen, bei der Gold Card bekommt man 50 Prozent Rabatt auch auf Mahlzeiten im Hotel (für zwei Personen), es lohnt sich ab drei Nächten.
www.proteahotels.com

Wichtige Wörter rund ums Kind

Hotel/Restaurant

Infant: Baby, Toddler: Kleinkind, Bassinet: Babybett (bis max. 1 Jahr), Crib: Gitterbett, Changing table: Wickeltisch, Baby Food: Säuglingsnahrung, Fennel tea: Fencheltee, Camomile tea: Kamillentee, Cot oder rollaway-bed: Zustellbett oder Matraze, High chair: Hochstuhl, Booster/seat/chair: Sitzkissen, Toy: Spielzeug, Coloring book & crayons: Malbuch und Wachsmalstifte, Play-doh: Knete, Pram: Kinderwagen (der Begriff „Buggy" ist in Südafrika nicht geläufig), Diaper: Windel (Pampers ist kein genereller Begriff für Windel, sondern wird rein als Markenname verstanden), Baby bottle: Babyfläschchen, Sippy cup: Trinkbecher, Pacifier: Schnuller, Water wings: Schwimmflügel.

Gesundheit

Childrens hospital: Kinderkrankenhaus, Pediatrician: Kinderarzt, Stomache ache: Bauchschmerzen, Diarrhoea: Durchfall, Vomating: Erbrechen, Ear ache: Ohrenschmerzen, Fever: Fieber, Cough: Husten, Insect repellent: Insektenschutz, Tick bite: Zeckenbiss, Itchiness: Juckreiz, Adhesive strips: Pflaster, Suppositories: Zäpfchen, Sunburn: Sonnenbrand.

★ Sicher vom Scheitel bis zur Sohle

Was wissen Sie wirklich über die Kriminalität in Südafrika?
Haben Sie dort schon einmal längere Zeit gelebt?
„Nur dann kannst Du wirklich mitreden", war die Antwort, die ich bekam. Viele Südafrikaner haben kein Verständnis für die schlechte Stimmung und machen dafür vor allem die Medien und die Unwissenheit der Reisenden verantwortlich.
„Die …Anderen sind dort, in Deutschland, wir sind HIER." so die Insider des Landes, es sei immer eine Sache der Wahrnehmung und des VOR ORTES sein. Von Deutschland aus betrachtet gibt es scheinbar ausufernde Gewalt.
Auch wenn es aktuell wieder Unruhen gibt, lassen Sie sich bitte nicht von der negativen, einseitigen Berichterstattung über Südafrika abschrecken. Natürlich gibt es dort Gewalttaten, Übergriffe, Drogenkriminalität oder den einen oder anderen Fall, wo ein Reisender bedroht oder überfallen wurde. Allerdings in Relation zu den Millionen von Touristen, denen NICHTS passiert, minimal wenig.
Kriminalität ist nach wie vor vorhanden, aber diese beschränkt sich hauptsächlich auf die Gewalt unter den Einheimischen in den Townships. Gemeint sind die „Bandenkriege", die unter den verfeindeten Clans und Kulturen stattfinden.
Sehr oft unter dem Einfluss von Alkohol und Drogen. Und fast immer dann, wenn der Lohn ausgezahlt wird und dieser sofort in „Flüssig-Nahrung" umgesetzt wird.
Stress hoch 10 für die südafrikanische Polizei, die in den Townships am MONATSENDE alle Hände voll zu tun hat:
Aufgebrachte Frauen, die ihre Männer in den Shebeen, den Township-Kneipen, suchen, Aggressionskämpfe innerhalb der verschiedenen Clans wie Xhosa und Zulu, Beziehungstaten mit viel Blutvergiessen aus Eifersucht.
Fast 80 Prozent der Gewaltverbrechen und 30 Prozent aller Krankenhauseinweisungen sind auf Alkohol oder Drogen zurückzuführen.
Dazu noch eine wichtige Anmerkung: Südafrika steht weltweit an oberster Stelle im Alkoholkonsum! Auch die weiße Bevölkerung macht da keine Ausnahme, auch dort wird viel und gerne zu allen Gelegenheiten getrunken. ABER fernab von diesem Chaos, „Kriminalität & Co" sind die Südafrikaner aller Coleur friedlich, freundlich, hilfsbereit und sehr gesetzestreu.

SÜDAFRIKANISCHE GROSSTÄDTE: KAPSTADT, JOHANNSBURG, DURBAN, PRETORIA

Südafrikanische Großtädte leiden besonders unter der hohen Kriminalität. Gerade Touristen sind ein beliebtes Opfer von Räubern, die meist vor Gewalt nicht zurückschrecken.
Aber wo ist da der Unterschied zu anderen Großstädten weltweit? Wichtig ist: Die Wahrscheinlichkeit, Taschendieben zum Opfer zu fallen ist prozentual viel höher einzuschätzen als einem Gewaltverbrechen zum Opfer zu fallen.
Und Südafrika hat sich bereits vehement von seinem „Risiko-Image" befreit und intensiv an der Verbesserung der Sicherheit, vor allem in den Metropolen, gearbeitet.
Sehr sicher sind die Einkaufszentren in Pretoria, Kapstadt, Johannesburg und Durban.
Auch die Vororte Johannesburgs sind in „Neighbourhood - Watch"- Projekten per Funk miteinander vernetzt und Security-Einheiten sind innerhalb weniger Minuten einsatzbereit. Die großen, internationalen Hotels sind aus der gefährlichen Innenstadt in die Randgebiete wie Sandton, Randburg und Westcliff gezogen. Überwachungskameras in Hauseingängen,Toren und großen, öffentlichen Plätzen mit direkter Vernetzung zur Polizei ermöglichen, dass sofort für Hilfe gesorgt wird. Gut geschultes Schutzpersonal, sogenannte „watchmen" und berittene Polizisten oder zivile Sonderstreifen sorgen vor Ort für mehr Sicherheit.
Dies gilt besonders für die Innenstadt von Kapstadt, wo sich die Sicherheitslage in den letzten Jahren deutlich verbessert hat und man sehr viel für die persönliche Sicherheit der Besucher tut.
Diese niedrige Kriminalitätsrate bedingt, dass man sich als Familie auch am Abend in bestimmten Gegenden problemlos aufhalten kann. Dazu gehören folgende Bereiche in der Innenstadt:

- **die Long und Kloof Street**
- **der Vergnügungspark Ratana Junction**

- das Grand West Casino in Kapstadt
- die Victoria & Alfred Waterfront

Selbst in den Vorort- oder Partyzentren wie Camps Bay und Co wurde eine flächendeckende Kameraüberwachung eingerichtet, deren Auswertungen sofort an die zuständige Streifenpolizei und ihre Einsatzwagen weitergeleitet werden. Achten Sie einmal darauf: Überall sieht man berittene Polizei sowie öffentliche und private Sicherheitsdienste. Zum Schutz der Touristen wurde extra eine „Tourist Police Unit" ins Leben gerufen und diese sind Tag und Nacht im Einsatz. Zudem wird der allgemeine Strassenhandel streng kontrolliert und gegen Drogenhandel wird hart vorgegangen.
Hinzu kommt, dass die meisten Familien auf den TOURISTISCH SICHEREN Pfaden zwischen der West Coast entlang der Garden Route bis zum Eastern Cape reisen. Und da bekommt man wenig von der Armut und den sozialen Konflikten im Land mit. Es sei denn, man sieht ab und an kleinere Townships entlang der Schnellstraßen oder das Schild „Protected Neighbourhood" an Gartenzäunen.
1000-prozentige Sicherheit gibt es allerdings auch in Südafrika nicht. Vergessen Sie niemals den grossen Widerspruch zwischen der Armut und dem Reichtum in Südafrika.
Einigen von meinen südafrikanischen Freunden wurde schon einmal die Handtasche geklaut oder es wurde eingebrochen. Aber das alles passiert auch hier in Deutschland und das in zunehmend grösserem Ausmass. Das Fehlen von Informationen und die Missverständnisse, die auch international über die Kriminalität Südafrikas kursieren, sind sicher das größte Problem im Umgang mit einem sicheren Tourismus in Südafrika. Philip Briggs, ein erfahrener Autor von acht Afrika-Reiseführern, stellt im Netz seine eigenen Erfahrungswerte und seine Theorie zur Verfügung.
Sein Fazit: Das Eigenverschulden der Reisenden stellt die größte Gefahr dar. Von der Kriminalität betroffen sind hauptsächlich Touristen mit Taschendiebstählen in den grossen Städten. Gewalttaten gegen

Reisende aus Europa kommen vergleichsweise selten vor. Vielmehr ist es dem Fehlverhalten und unachtsamen Verhalten derjenigen Personen zuzuschreiben, die „blauäugig“ und unachtsam den Verhaltenskodex in den fremden Kulturen ignorieren, sei es im Auto, auf der Strasse, auf Safari, am Strand oder im Hotel. Briggs bestätigt zahlreiche, unnötige Überfälle durch unüberlegtes, provokatives Verhalten ignoranter Touristen, die zum Beispiel Nachtspaziergänge in einsamen Gegenden, Großstädten, Townships, Aussichtspunkten, Stränden oder Rastplätzen unternehmen, wenn dort keine anderen Menschen in Sichtweite sind.

Wer mit Statussymbolen prahlt, ist selbst schuld.

In Südafrika besteht ein immenses Arm-Reich-Gefälle, und verzweifelte Menschen sind zu allem fähig, besonders wenn Touristen mit den Taschen voller Geld durch die Townships laufen. Wer sich so offensichtlich in Gefahr begibt, braucht sich nicht zu wundern, auch mit seinen Sprösslingen im Schlepptau überfallen zu werden.

Sicher ist: Wenn man seinen gesunden Menschenverstand benutzt und nicht von der Angst gesteuert ist,“ - es könnte etwas passieren“, kann eigentlich nichts passieren. Auf unseren zahlreichen und langjährigen Reisen sind wir noch nie in eine bedrohliche Situation geraten. Auch nicht, als ich ganz allein mit den Kids durch Südafrika unterwegs war. Auch haben wir uns während unserer Aufenthalte im Südlichen Afrika an keinem Ort unsicher gefühlt.

Ausnahme war ein unfreiwilliger Abstecher in ein fremdes Township, weil das Navi versagte, da hatte ich kurz ein mulmiges Gefühl, aber NICHTS ist passiert, ausser dass die Menschen neben dem Auto herliefen, um uns den Weg zu zeigen.

Durch die folgenden Vorsichtsmaßnahmen, die übrigens auch für jedes andere Land gelten, verringern Sie deutlich die Gefahr, mit Ihrer Familie überfallen zu werden.

ALLGEMEIN: SOUTH AFRICA, NOT FOR SISSIES

Wachsamkeit, „WOKE “ oder „ALERT“ ist das oberste Gesetz für das Vermeiden von Überfällen bzw. das magische Anziehen von krimineller Energie.

„South Africa, not for Sissies“ schmunzeln die Südafrikaner oft über die blauäugigen Europäer und ihre pittoreske „Out of Africa“ - Attitüde, die wenig mit der Realität zu tun hat.

Was auch für andere Großstädte gilt: Vermeiden Sie Gelegenheiten, nach denen Kriminelle Ausschau halten und outen sich durch Ihr Verhalten nicht als potentielles Opfer.

Das wichtigste Gebot erfahrener Südafrikareisender mit und ohne Kinder lautet: Selbstbewusst und sicher auftreten.

Freundlich sein, aber bestimmt. Sehr bestimmt! Zeigen Sie sich niemals hilflos, NEEDY.

Wenn Sie sich unsicher fühlen, nicht auf offener Straße im Stadtplan suchen, sondern in ein Geschäft oder ein Café gehen und dort nach dem Weg fragen. Die Angestellten können dort über die jeweils gefährlichen Gebiete Auskunft geben. An jedem Ort gut auf Ihre Wertsachen aufpassen, die Sie immer im Blick haben sollten. Es wird geraten, einen Geldbeutel nahe am Körper zu tragen.

Falls es doch einmal Ernst wird?
Auf jeden Fall DEFENSIV reagieren. Spielen Sie nicht den Helden! Das Leben Ihrer Familie ist mehr wert als jede Banknote! Im Moment eines Überfalls auf Gegenwehr verzichten und den Anweisungen des Angreifers ohne Widerrede befolgen: Arme über dem Kopf halten, wenn man das Fahrzeug verlässt. Sofort niederknien und den Kopf unter den Armen verbergen. RUHIG bleiben, keine hektischen Bewegungen machen und auf keinen Fall den Angreifer provozieren.

PLASTIKTÜTEN UND STACHELDRAHT

Cape Flats oder Townships erkennen Sie sofort am Stacheldraht und den darüber wehenden Plastiktüten.

Ebenso sollten Sie abgelegene Stadtteile und einsame Gegenden grundsätzlich nicht auf eigene Faust erkunden. Bei Ausflügen in die Nationalparks sowie bei einer Wanderung auf dem Tafelberg gilt:

Benutzen Sie keine einsam gelegenen Wege. Downtown Johannesburg, Soweto und Innenstädte nach Einbruch der Dunkelheit nur in den für Touristen sicheren Zonen oder in Begleitung aufsuchen.

IM AUTO

DIGITALER ENTZUG. NEIN DANKE

Worst case: Eine Panne inmitten der südafrikanischen Pampa in der Dunkelheit mit zwei Kindern, diese Erfahrung möchte ich nicht

noch mal machen.
Aber alles ging gut. Ich hatte ja meine technik-affinen Jungs dabei. Insgesamt waren wir mit drei Handys und einem Adapter fürs Auto technisch gut aufgestellt. Wenn so etwa passiert: Ruhe bewahren und bei geschlossenen Türen auf Hilfe warten. Das geht sehr schnell über Ihre Autovermietung, die überall Vertragspartner und Werkstätten haben, die sofort einen Mitarbeiter schicken.
Deshalb wird aus Sicherheitsgründen empfohlen, immer ein Telefon und einen Adapter fürs Auto mitzuführen, sodass Sie bei einer Panne per Handy den Pannendienst verständigen können.
Die Funkversorgung ist hervorragend. Für wenig Geld gibt es Artime, vorbezahlte Karten (prepaid card) von Vodacom und MTN inklusive Guthaben und Telefonnummer, die auch neben kostenlosen Notrufnummern einen „Crime Watch“ Service anbieten. Es gibt Ihnen auf jedem Fall ein sicheres Gefühl.
Wenn Sie Zweifel in bestimmten Gegenden bekommen oder sich verfahren haben, kontaktieren Sie die Polizei! Der „South African Police Service- SAPS“ setzt schon einige Zeit besondere Programme zum Schutz speziell von Touristen ein :

Landesweiter Polizeinotruf: Tel. 10 111
Tourist Assistance Unit Tel. 418 2852
Rettungswagen: Tel. 10 177 oder 112
Tourism Helpline: Tel. 083-123 2345

■ Wichtige Rufnummern sollte man einspeichern:
ICE (In case of Emergency), wer im Notfall zu verständigen ist.
Autovermietung, Pannendienst.

■ Google Map auf das Handy laden und die Adresse (Physical Adress) der Unterkunft eingeben. Nehmen Sie trotzdem immer eine Straßenkarte mit, falls es mal keine Funkverbindung gibt.

■ Planen Sie Ihre Route immer im voraus. Mit Kindern auf gar keinen Fall nach Einbruch der Dunkelheit ankommen, deshalb großzügige Zeitfenster planen. Befragen Sie eventuell das Hotel nach der Sicherheit auf der kommenden Reiseroute.

Ansonsten gelten ähnliche Regeln wie für US-amerikanische Großstädte:

■ nicht in gefährliche Gegenden fahren
■ immer ein Auto mit elektrischen Fensterhebern, Zentralverriegelung und Air Condition mieten

- während der Autofahrt in der Stadt Fenster und Türen geschlossen halten
- beim längeren Warten vor der roten Ampel zum Vordermann einen Sicherheitsabstand wahren. In Städten kommt es beizeiten zu „smash-and-grab" Überfällen, sogenannten Blitzeinbrüchen
- Münzen, Handtaschen, Fotoapparate und ähnliches sollten nicht sichtbar im Auto liegen bleiben, auch nicht auf der Rückbank Die gehören in den Kofferraum und Wertsachen sowie Dokumente in den Hotelsafe
- Der geparkte Mietwagen sollte immer leer geräumt sein und das Handschuhfach immer offen bleiben
- Auf Parkwächter zurückgreifen, die es auf fast allen öffentlichen, grossen Parkplätzen gibt. (car watch, car guard, donation vehicle protection), oft erkennbar an einer orangen oder blauen Weste, sie bekommen 10-20 Rand
- Nachts sollten Sie möglichst in der Hotelgarage oder auf einem bewachten Parkplatz parken
- Vor allem genug Bargeld zum Tanken mitnehmen, da die meisten Tankstellen keine Kreditkarten akzeptieren
- Bei Reisen abseits der Großstädte sollten Sie immer auf einen vollen Tank achten und genügend Reservebenzin mitführen
- Denken Sie mit kleinen Kindern an Sonnenschutz und lassen Sie sich vor langen Fahrten ein Lunch-Paket vom Hotel mitgeben
- immer ausreichend Trinkwasser für mehrere Tage an Bord haben.

LINKSVERKEHR

Auf den Strassen Südafrikas gelten die meisten Verkehrsregeln wie in Deutschland. Einzige Ausnahme ist der Linksverkehr. Daran und an das Schalten gewöhnt man sich schnell. Sonst hilft ein kleiner Trick, einen kleinen Zettel mit dem Vermerk LINKS am linken unteren Rand der Windschutzscheibe befestigen.
Als Anfänger- Faustregel gilt:
Der Fahrer sollte sich immer in der Mitte der Strasse befinden. Den internationalen Führerschein nicht vergessen. Eine Besonderheit in Südafrika: Viele Landstrassen haben einen Seitenstreifen, der mit einer gelbe Linie abgetrennt ist, eigentlich für Fußgänger und als Pannenstreifen gedacht.

Auf diesem Seitenstreifen darf man auch ausweichen, als Zeichen des Dankes schaltet derjenige, der überholt, kurz seinen Warnblinker an, man selbst antwortet mit der Lichthupe. Diese ungeschriebene Regel gehört zum guten Ton auf der Strasse.

SONSTIGE VERKEHRSMITTEL
DAUMEN UNTEN

Auch für junge Leute gilt, fahren Sie nicht per Anhalter. Und auch keine Tramper mitnehmen, da die Gefahr von Car Hijacking (Autoraub) nach wie vor besteht.
Halten Sie auch NIE an, wenn Ihnen verdächtige Personen am Strassenrand signalisieren, dass sie eine Panne haben. Es könnte sich um eine Falle handeln. Verständigen Sie lieber die Polizei. Touristen fahren nicht besser …mit Bus und Bahn.
Falls Sie unbedingt öffentliche Verkehrsmittel benutzen wollen, dann nur Erster Klasse fahren. Auf gar keinen Fall Vorortzüge in Kapstadt, Johannesburg, Pretoria und Durban benutzen.
AUSNAHME ist der Gautrain zum Flughafen in Johannesburg. Auch Mini-Busse sollten nur im Notfall benutzt werden. Es gibt genug seriöse Taxi Unternehmen, ansonsten lassen Sie dies das Hotel erledigen, die gerne für Sie bestellen.

BEIM CAMPING

Bei einer Camping-Tour durch Südafrika können Urlauber das Land besonders intensiv kennenlernen. Camping in Südafrika bedeutet keineswegs unkomfortables Reisen. Ein Campervan besteht in der Regel aus einem Allrad-Fahrzeug – Fahrspaß und abgelegene Routen inklusive –, das nötige Equipment wie Kocher und Kochutensilien, Kühlschrank, Wasserkanister, Tisch, Stühle und Werkzeug wird mitgeliefert. Herzstück aber ist das fest installierte Dachzelt, das abends mit einer einfachen Mechanik aufgeklappt werden kann. Eine bequeme Schaumstoffmatratze sorgt für wohltuende Ruhe, wobei die Zeit zum Schlafen eigentlich viel zu schade ist, wenn die Sterne über einem funkeln und man in sicherer Höhe den Geräuschen der afrikanischen Nacht lauschen kann. Bequem ist das Buchen einer reservierten Selbstfahrerroute. Über 800 sehr gut ausgestattete und wunderschön gelegene Camping- und Caravanplätze stehen zur Auswahl, viele verfügen über hübsche Holzhütten (Rondavels).

Die Angebote gehen von einer einwöchigen Tour bis zu einer 22-Tage-Tour durch ganz Südafrika inklusive Eastern Cape, Gardenroute und Kapregion. Ausführliche Informationen unter:
www.caravanparks.com

Wohnmobilurlaub mit Kleinkindern in Südafrika? Das Experiment gelingt, sofern die Vorbereitung stimmt. Aber damit aus dem Happy Camping kein „Horrortrip“ wird, ist es gerade mit kleinen Kindern notwendig, einige Spielregeln“ aus der Camping-Szene zu beachten.

REGEL NR. 1

Sind Sie Camping- tauglich?
Haben Sie einschlägige Camper-Erfahrung? Sie sollten Camping/Wohnmobil/Zelt-tauglich sein und möglichst schon ein bisschen Erfahrung mit dieser Szene haben. Und diese sollte sich nicht nur auf das entsprechende Fachsimpeln beschränken. Und warum beim (ersten) Einparken besser jemand hinten aufpasst (sonst übersieht man garantiert den Ast rechts oben, und rums ist das Bremslicht kaputt).
Sorgfältige Planung, Flexibilität und innere Gelassenheit sind Voraussetzung, damit ein Wohnmobilurlaub mit Kleinkindern ein gelungenes Experiment wird. Denn kleine Kinder bestimmen Route, Rhythmus und Regeln. Mit den Allerkleinsten verändern sich nicht nur die Prioritäten, sondern auch die Attraktionen. Spätestens hier in Südafrika entdeckten wir die neue Langsamkeit des Reisens von Spielplatz zu Spielplatz. Und dass es für Kinder anscheinend nichts Schöneres gibt, als dieses wilde Vagabundenleben. Unsere „Camping–Hasen“ erwiesen sich jedenfalls nach kurzer Zeit als routinierte Mitspieler im Camping-Alltag, die das „Abenteuer auf Rädern“ viel unkomplizierter und entspannter meisterten als wir Eltern, die bezüglich Bequemlichkeit und eigenen Bedürfnissen einige Abstriche machen mussten. Von Anfang an fühlten sie sich auf unserem Roadtrip entlang der Garden Route wohl und schwärmen bis heute davon: das „Haus auf Rädern“, das ihnen stets die gleiche Umgebung bot (und uns Eltern den Stress vermied, jeden Tag ein neues Hotelzimmer anzusteuern).
- hoch oben zu sitzen und ein ganz neues Fahrgefühl zu genießen
- die großen Fenster im hinteren Teil des Campers, aus denen man

die Welt phantastisch groß sah wie auf einer Panorama-Kinoleinwand. Eben alles, was die „Welt in einem Land“ an Farben, Formen, Eindrücken so zu bieten hat. Hinter jeder Kurve etwas Neues.

REGEL NR. 2

Überprüfen Sie Ihr Fahrzeug gründlich. Ist es kleinkindtauglich? Planen Sie dafür genügend Zeit ein.
Ein großes Wohnmobil mit guter Ausstattung ist das A und O einer gelungenen Reise. Die sanitären Anlagen des Wohnmobils sollten hohen Standard haben, um Magen- und Darmerkrankungen zu vermeiden. Nur abgekochtes Wasser verwenden. Machen Sie sich eine Camping-Liste. Sind Wasserkanister, Tische, Camping- Stühle und Werkzeug vorhanden?
Zu einer gründlichen Überprüfung gehört auch, ob es Kindersitze gibt und wie sie zu befestigen sind. (Wir hatten zwar Kindersitze, konnten sie aber nirgendwo befestigen, da die Sitze über keine Anschnallgurte verfügten.)
Für Kinder unter sechs Jahren ist ein Kindersitz vorgeschrieben. Der vorbestellte Kindersitz sollte also schon im Wohnmobil montiert sein. Die südafrikanischen Marken fanden wir ohne Gurte und mit sehr wenig Platz, nicht gerade kleinkindtauglich.

REGEL NR. 3

Kaufen Sie vor Ihrer ersten Fahrt im Supermarkt ein (Babynahrung, Getränke, evt. Taschenlampe, Windeln etc.), sodass Sie im Notfall den Kindern auch ohne Mikrowelle etwas zu essen zaubern können.
Ist Ihre Reiseapotheke in Ordnung, falls ein Kind einmal krank wird?

REGEL NR. 4

Buchen Sie von zu Hause aus. Angebote in Europa sind fast immer um einiges günstiger als in Südafrika. Bei Reisen in der Nebensaison lassen sich teilweise über 50 % der Mietkosten sparen.

REGEL NR. 5

Rechtzeitig nach einem Stellplatz Ausschau halten. Planen und buchen Sie möglichst frühzeitig. Besonders für die Hauptsaison ist rechtzeitige Reservierung wichtig.
Überall in Südafrika begeistern großzügige Stellplätze in landschaftlich reizvollen Lagen mit moderaten Preisen. Da die Südafrikaner viel und gern campen, sind die meisten Campingplätze komfortabel ausgestattet. Wichtigstes Unterscheidungsmerkmal zum Campen in Europa sind die großzügigen Anlagen, die genügend Platz für Privatsphäre bieten. Dazu oft mit Pool, Trampolin, Spielplatz, Einkaufsladen. Und noch etwas ist besonders: In Südafrika ist offenes Feuer zum Grillen erlaubt, Brennholz gibt es überall zu kaufen.

REGEL NR. 6

Planen Sie genügend Fahrtzeit ein. Kalkulieren Sie pro Tag nicht mehr als 250 Kilometer Fahrstrecke ein, damit die Reise mit Kind keine Rallye wird. Eine Zeitreserve für Unvorhergesehenes ist mit Kindern unbedingt einzuplanen. Vermeiden Sie es, in der Dunkelheit anzukommen. Sorgt bei uns im Mai die Sonne bereits bis weit nach 21.00 Uhr für Tageslicht, erwartet Sie in Südafrika zwischen 17.30 und 18.00 Uhr der Sonnenuntergang und nur wenig später die Finsternis.

REGEL NR. 7

Meiden Sie weit entfernte Ziele, Schotterpisten (Gravel Road), Sandpisten, abgelegene Routen. Unebene Straßen sind nur mit einem Allradfahrzeug (in der Regel Campervan) zu bewältigen.

AUF SAFARI

„Ihr seid hier nicht im gottverdammten Zoo!“
Wer zum ersten Mal mit kleinen Kindern auf Safari geht, macht dies oft mit dem eigenen Auto. Wer in einem Safari Camp wohnt, bewegt sich im Geländewagen und mit einem Guide durch den südafrikanischen Busch.
Ob zu Fuss, auf dem Rücken eines Pferdes oder Elefanten, ob die klassische Jeep Safari oder Mountain Bike, die Auswahl ist gross.
Egal für welche Safari-Form Sie sich entscheiden, halten Sie sich immer strikt an die Regeln und Anweisungen der Ranger beziehungs-

weise Parkangestellten. Diese gelten insbesondere, wenn Sie ALLEIN mit dem Auto unterwegs sind.
Wo gibt es diese SICHERHEITSHINWEISE zu lesen? Auf den Hinweistafeln am Eingang des Parks, zudem bekommt jeder Besucher beim Eintritt in den Krüger Nationalpark ein Faltblatt ausgehändigt. Es gibt also keine AUSREDE, so auch der Konsens der Ranger, die sich immer wieder über das Fehlverhalten von Touristen und ihre mangelnde Sensibilität gegenüber dem Umgang mit wilden Tieren beklagen.
„Aussteigen=Einstieg zum Selbstmord" ist ihre einfache Formel. „That´s why such things happens" (Das ist es, warum solche Dinge passieren) erzählen sie uns ein paar Beispiele:

- 2009 steigen drei junge Touristinnen aus, um in der „Nähe" von Zebras zu sein. „Die Löwen werden euch töten!" ermahnte der Parkangestellte die Gäste aus Berlin und dem Ruhrgebiet.
- 2012 wurde eine deutsche Touristin durch ein Nashorn schwer verletzt, nachdem sie zu Fuss durch den Park gelaufen ist. Sie wollte nur einen „Morgenspaziergang" machen, bewegen sich manche lebensmüden Menschen in der Wildnis so, als wären sie Teil eines Computerspiels, in dem man neun Leben hat.
- 2013 waren weitere deutsche Touristen Ziel eines Elefantenangriffs, aber sie hatten mehr Glück. Zwar wurde das vollbesetzte Auto beschädigt, aber der Elefant liess von dem Angriff ab. Im selben Jahr eine weitere Schlagzeilen: „Nashorn spiesst Studentin auf". Das „Foto-Shooting" vor dem Tier misslang, wenige Sekunden nach der Aufnahme rammte eines der Tiere sein Horn in den Rücken der jungen Frau und durchbohrte ihren Oberkörper.
- 2015 wurden wir in Pilanesberg- National Park Zeuge, wie sich ein kleines Mädchen mit dem Oberkörper aus dem offenen Verdeck lehnte: sie wäre eine leichte Beute, das bestätigt auch ein Hyänen-Angriff auf ein Kind im Krüger Park.

SAFARI-ABER SICHER!

1.) Die erste und einfachste Sicherheitsregel ist es, IMMER einen Sicherheitsabstand einhalten.
2.) Nie die Komfortzone eines Tieres stören, das heisst Wildtiere in ihrem Lebensraum und mit ihren Eigenarten

akzeptieren. Immer im Hinterkopf behalten, dass sie unberechenbar sind. Sie greifen in der Regel nur an, wenn sie sich in ihrem Territorium bedroht fühlen.

2.) Trächtige Elefantenkühe oder Tiere mit Nachwuchs sind besonders gefährlich. Ebenso Elefantenbullen, die im „Musth" sind und einen erhöhten Testosteron-Spiegel haben und EXTREM aggressiv sind. Das gleiche gilt für die „Halbstarken" Jungtiere.

3.) Allen Tieren, insbesondere Elefanten, Nashörner und Flusspferden jederzeit freien Durchgang gewähren und ihnen niemals den Weg abschneiden.

4.) Niemals aus dem Fenster lehnen, es darf überhaupt kein Körperteil aus dem Auto herausragen.

5.) Das Fenster darf zum Fotografien oder Filmen nur einen Spalt offen sein.

6.) Mit dem Auto auf den Strassen bleiben und immer den Sicherheitsabstand wahren und im Notfall den Rückwärtsgang einlegen.

8.) NUR an den gekennzeichneten Stellen aussteigen.

9.) Niemals Tiere verfolgen.

10.) Laute Geräusche wie Motoren oder Lautstärke im Auto vermeiden.

11.) Kids niemals ohne Schuhe herumlaufen lassen und diese stets kontrollieren, Skorpione, Spinnen, Schlangen etc. suchen dort machmal ein Versteck.

Der gute Witz zum Schluss:

Warum greifen die Tiere überhaupt an?

Weil einige Nashörner glauben, wenn man Menschen zerstampft, trocknet und als Pulver zerreibt, gut für die Potenz sei.

Die gute Frage zum Schluss:

Warum gibt es eigentlich so wenig Informationen über Safari-Unfälle?

„Wir haben keine solchen Vorkommnisse im Park". Leugnen ist besser als Aufklärung, so die Geschäftspolitik der „South African National Parks (San Parks). Warum auch durch diese „Bad News" zu Besucher- und somit Umsatzrückgängen führen? Jedes Jahr kommen 1,450 Millionen Touristen in den Krüger National Park.

AM STRAND

Einsame Strände meiden.
Generell gelten die Strände in und um Kapstadt, was gefährliche Strömungen, Haie und Überfallgefahr angeht, als sicher. Trotzdem sollte man sich nicht an einsamen, unbewachten Stränden aufhalten. An den so genannten Hot Beaches gibt es nach dem amerikanischen Vorbild Life Guards, zum Teil werden auch Polizeipatrouillen eingesetzt. Lassen Sie niemals Wertsachen unbeaufsichtigt, auch nicht auf dem Parkplatz, nehmen Sie nur immer das nötigste mit, der Rest gehört in den Hotelsafe.
Bleiben Sie immer in Sichtkontakt zu ihren Angehörigen. Haben Sie immer, auch im Wasser, ein Auge auf Ihren Sachen, sprechen Sie ggfs. Ihren Nachbarn an, der auf Ihre Sachen aufpassen soll, wenn Sie zusammen mit der Familie baden möchten.

- Beachten Sie unter Reisevorbereitung die Regeln für den Sonnenschutz
- Gehen Sie niemals tiefer ins Wasser als Sie stehen können wenn es Strömungen gibt.
- Sea Rescue: Tel.: 467 8000

IN DER UNTERKUNFT

- Fotokopien aller wichtiger Dokumente, für den Fall, das diese verloren gehen, sollten Sie bereits vor Reiseantritt angefertigt haben
- Unbedingt getrennt aufbewahren
- Deponieren Sie die Originale und weitere wichtige Papiere in den Hotelsafe
- Lassen Sie Ihr Eigentum in der Hotellobby, im Schwimmbad etc. niemals unbeobachtet
- Von Fremden angebotene Getränke in Bars oder Restaurants ausserhalb des Hotels sollte man wegen möglicher K.O. Tropfen erstmal nicht annehmen
- Tauschen Sie Geld nur in Banken oder im Hotel und keinesfalls auf dem Schwarzmarkt

Berittene Polizei sorgt in Kapstadt für mehr Sicherheit

Zu guter Letzt

➤ You just have to blend in“ sagen die Südafrikaner, übersetzt Du musst Dich nur eingewöhnen, einleben in die südafrikanische Kultur. „Dann passiert Dir NICHTS!“

Passen Sie sich ein wenig den dort lebenden Menschen und deren Gewohnheiten an, und machen Sie sich Ihr eigenes Bild.

Der Nordosten

„GP“ sind die offiziellen Initialen des Autokennzeichen der Gauteng Province.
Gangsters Paradies“ nennen scherzhaft die Einheimischen ihr „Jozi“ oder Josie. „Egoli“, die Stadt der Ganoven und des Goldes, hat noch immer den Ruf, einer der gefährlichsten Städte der Welt zu sein. Zu Recht? Tatsache ist, dass zu Beginn der 1990er Jahre Tausende Schwarze und Einwanderer aus den umliegenden Townships in die Innenstadt von Johannesburg zogen. Was zur Folge hatte, dass die Verbrechensrate, besonders in Vierteln mit hoher Bevölkerungsdichte wie beispielsweise in Hillbrow, stark anstieg. Viele weiße Unternehmen und Einrichtungen zogen es daher vor, ihre Niederlassungen in die nördlichen Nobelvororte wie Rosebank und Sandton zu verlegen. Aber No-Go war gestern. Spätestens seit der WM 2010 wurden Maßnahmen getroffen, um die Kriminalität in der Stadt drastisch zu verringern.
Überwachungskameras an Straßen und Plätzen sorgten in vielen Gegenden für mehr Sicherheit. Zu verdanken hat das Jozi einem ehrgeizigen Stadtentwicklungsprogramm. Die Wiederbelebung der Innenstadt von Johannesburg ist weiterhin Hauptaufgabe der Stadtverwaltung.
Zugegeben: die Kriminalität wird immer ein gewichtiges Thema bleiben. Dennoch lassen wir uns Eltern nicht davon abschrecken, die 4,43 Millionen grosse, pulsierende Metropole zu besuchen. Und nie im Leben hätte ich gedacht, dass man sich mittlerweile selbst mit kleinen Kindern nicht mehr hinter umzäunten Hotelpools der Vorstädte zu verstecken braucht. Vorausgesetzt man lässt, wie auch im ganzen Land, stets die Vorsicht walten, ist Johannesburg auch nicht gefährlicher als andere Großstädte dieser Welt.
Jozi kann vielleicht mit dem klassischen Charme von Cape Town nicht mithalten. Aber viel afrikanischer als Kapstadt bietet es dafür ein sehr spannendes Kontrastprogramm zum Urlaub im Busch oder an Meer.
In der Diagonal Street verbreiten die im diffusen Licht getrockneten Tierhäute, Hörner und Straussenköpfe den geheimnisvollen Flair

der schwarzen Magie der „Sangomas", der südafrikanischen Medizinmänner. Und hinter Josie´s abstossender Fassade von Gewalt, Drogenhändlern und Strassenkindern warten auf den Besucher besondere Highlights: Bunte Strassenstände, in verglasten Hochhausfassaden gespiegelt, zeugen vom Aufschwung.
Newtown, verbunden mit der sehenswerten Nelson Mandela Bridge, gilt mittlerweile wieder als ein Mekka für Kulturinteressierte und Partygänger. In vielen Stadtteilen, wie zum Beispiel im dem Künstlerviertel Melville und Maboneng, kann man sich auch mit Kindern tagsüber sicher bewegen.
Trotzdem empfehlen wir für das Stadtzentrum und Soweto eine organisierte Tour zu buchen. Wie zum Beispiel die „Mount Zion Tours" von Willy Kalala, der uns nach dem Frühstück mit seinem Assistenten Jean in Sandton abholt.
Wir haben das grosse Glück, in einem der schönsten und familienfreundlichsten Häuser in Johannesburg wohnen zu dürfen. Das „Fairlawns Boutique Hotel & Spa" ist ein elegantes Luxushotel, dass bereits elitäre Gäste wie Nelson Mandela beherbergte. Neben der Präsidentensuite gibt es die Villa Residenz und das Grand Chateau mit 20 Suiten, ein Flügel davon verfügt über zwei Familiensuiten. Ihr Interieur ist individuell und designtechnisch eine wahre Freude, wie die freistehende Badewanne mit edlen Armaturen oder die ausgewählten Kunstwerke, Antiquitäten, Perserteppiche und massgefertigten Möbel zeigen. Mit viel Liebe zum Detail sind auch die 12 klassischen Courtyard Suites mit Blick in einen eleganten Innenhof

Hop On Hop Off zum nächsten Abenteuer

eingerichtet. Hohe Stuckdecken, handgemalte Techniken und edle Vorhänge vermitteln eine einladende und gemütliche Atmosphäre.

Es lohnt sich für alle Familienmitglieder, zumindest zwei Tage in Johannesburg und Soweto zu verbringen. Richtung Downtown geht es im klimatisierten Deluxe Bus über Hillbrow zur Busstation der signalroten Doppeldecker von der „Red City Tour". Die Sightseeing Tour mit dem Cabrio-Bus ist Spass für die ganze Familie. Wer will, kann hier wie an jeder der insgesamt 12 Stopps (Hop On, Hop Off), ein-oder aussteigen. Bei jedem Stopp gibt es geführte Touren gratis. Was sehr angenehm ist, wenn man mit Kindern unterwegs ist. Man fühlt sich als Eltern stets sicher, und die ganze Familie hat viel Spass. Die Sonne brennt, wir schmecken den Fahrtwind. Fremdländische Klänge verzaubern unsere Ohren. Uniformierte Schulkinder, bunte Trachten, exotische Eindrücke, verwöhnen unser Auge. Viel neues Leben und Einblicke in das coole, neue Josie. Fans sprechen sogar schon von dem „Berlin Südafrikas". Vorbei am Ghandi Center geht es ins farbenfrohe Stadtzentrum zum Carlton Center. Der mit 223 Meter höchste Wolkenkratzer Afrikas bietet im 50. Stock eine Aussicht auf die Johannesburger Skyline. Der atemberaubende Blick ist auch für Kids spannend, Snacks gibt es in dem Café.

Ein sprudelnder Springbrunnen mit goldenen Gazellen empfängt uns als dankbares Photomotiv im Aussengelände der sechsten Station. Gold Reef City wurde auf einem ehemaligen Goldminengelände am Südende von Johannesburg erbaut. Der Vergnügungspark à la Disney ist amerikanisch, kitschig, bunt. Nicht immer der Geschmack

Diese Gazellen empfangen uns am Gold Reef City-Vergnügungspark

Wie kleine Könige thronen Kids im eleganten Kaminzimmer von Fairlawns

der Eltern, aber für Kids ist der Themenpark ein Erlebnis. Mehrere Goldmuseen, ein Casino und nachgebaute Strassenzüge vermitteln dem Besucher eine authentische Atmosphäre aus der Zeit des Goldrausches im 19. Jahrhundert. Ganz nett ist eine Fahrt mit der „Underground Mine Tour“, hinunter in die 220 Meter tiefe Schlucht der Clown Mines, einst eine der ersten Goldminen der Welt.
Enttäuschend allerdings der ganze Hype mit dem „Einfahren“, in den Schacht Nr. 14, es gibt nur einen langweiligen Fahrstuhl. Allerdings kann man, dort unten angekommen, hautnah im gutgemachten Schaubergwerk erleben, wie vor 100 Jahren das Gold in schweißtreibender und schwerer Arbeit aus den Felsen entfernt wurde. Für weitere Adrenalinkicks sind die „Thrill Rides“ zu empfehlen: Anakonda, Ufo, Rating Rapide, Golden Loop, Dreamboat, Tower of Terror.
Diverse Kids corner auch für die Kleinsten (Pirat Cove, Kiddies Fun Air, Indoor Play Area) Wimpy und weitere „Kids Gourmettempel“ sind im „Thunder Mountain Food Court“ zu finden.

★ FAMILIENFLÜSTERN ★

Bei knapper Zeit diese Attraktion aus dem Terminkalender streichen und ggfs. Sun City oder eine weiteres „Must See“ dafür besichtigen. Wie zum Beispiel das Apartheid Museum, das sich gegenüber der Gold Reef City befindet. Gegen Ende 2001 durch Nelson Mandela eröffnet besticht es durch seine beeindruckende, moderne Architektur. Kahle Steinwände erinnern in seiner Symbolhaftigkeit an den Libeskind-Bau in Berlin, in dem das Jüdische Museum beheimatet ist.

Bewegende Photos von der Rassentrennung lassen selbst unsere Kids die beklemmende Atmosphäre spüren

In den Ausstellungsräumen wird die ganze Bandbreite des grausamen Apartheidsregimes gezeigt. Bewegende Photos von der Rassentrennung lassen selbst unsere Kids die beklemmende Atmosphäre spüren. Beispielhaft ist es, wie es gelingt, auch Kindern ein ernstes Thema ohne erhobenen Zeigefinger näher zu bringen. Deshalb ist das Apartheid Museum allen, die tiefere Einblicke in die Geschichte der Apartheid gewinnen wollen, unbedingt ans Herz zu legen.
Auch wenn es Momente gibt, wo das Herz schwer wird wie Blei: Denn der diskriminierende Alltag der Rassentrennung und der systematische Ausschluss der schwarzen Bevölkerung aus dem öffentlichen Leben wird allgegenwärtig dokumentiert. Das fängt schon am Eingang an, wo der Besucher sich entscheiden muss, ob er die Türe „Blankes" (Nur für Weisse) oder „Nie-blankes" (Für Schwarze) wählt. Neben Fotos, Texten und Filmen über die Unmenschlichkeit des Regimes ist der schwarze Widerstand, hauptsächlich des ANC (African National Congress) Hauptthema.
Tief bewegt verlassen wir das Museum. Wir sind dankbar, dass wir auf der Fahrt zum Hotel einen Augenblick lang Luft holen können. Zu krass zu verdauen ist die Diskrepanz dieser beiden Welten, die Wirklichkeit des „anderen Afrikas" und die pittoreske „Regenbogenromantik", die nur für uns „reiche" Europäer reserviert ist.
„Luxury is an emotion" ist das Motto unseres romantischen, wunderschönen Kolonialhotels Fairlawns, das uns im „Terrace Restaurant" mit Blick in einen wunderschönen Garten mit einem kulinarischen Dinner verwöhnt. Kerzen, sanfte Musik, Silberbesteck, mehr Roman-

Schöner Wohnen: das Clico Boutique Hotel in Rosebank ist sehr familienfreundlich

Giraffen hautnah erleben im Lion Park

tik geht wohl kaum, wie auch bei den Afternoon Tea Lounge Specials, die im imposanten Kaminzimmer serviert werden. Sitzfleisch garantiert auch bei unseren Jungs, die mit frechem Grinsen auf den roten Samtsesseln thronen und sich hier sichtbar wohl fühlen. Alles in diesem luxuriösen Haus in Sandton ist beindruckend. Wie auch der erstklassige, mit dem World Luxury Spa Adwards ausgezeichneten Spa- und Wellnessbereich sowie der Außenpool und der 24 Stunden-Fitnessbereich. Erkundigen Sie sich nach Special Rates, in der Winterzeit gibt es Übernachtungs-und Spa Pakete.
Aufbruch am frühen Morgen zu unserer neuen Unterkunft, dem familienfreundlichen „Clico Boutique Hotel“ in Rosebank.
Auf dem Weg machen wir einen Abstecher zum berühmten Johannesburger Zoo. 1904 gegründet beherbergt der 81 Hektar grosse Park über 3000 Tierarten. Max, der Gorilla, ist die Hauptattraktion für Jung und Alt. Diesem berühmten Affen wird nachgesagt, dass er einst einen Einbrecher schnappte. Wenn man schon mal in Afrika ist, macht es Sinn und mehr Spass, sich die Tiere in freier Wildbahn anzuschauen. Aber wer keine Gelegenheit hat, die Big 5 in Game Reserves „gitterlos“ zu sehen, für den ist dieser Zoo eine Option. Allerdings unterscheidet er sich kaum von anderen Zoos, auch hier unser Tipp bei engem Zeitfenster streichen.

„HAKUNA MATATA MOM“ AUF DEM QUAD BIKE MIT DEN KIDS IN SOWETO

Yes zur No-Go-Area Soweto? Und das mit Kids? Unverantwortlich,

Auch wenn die Armut in Soweto gross ist, haben kleine Kinder hier noch grosse Träume

Die Motoren der Quadbikes röhren, Staub wirbelt auf

wird einem als Eltern oft vorgeworfen. Dabei ist die Millionen-Metropole im Norden Südafrikas mittlerweile auch für Familien mit Kindern ein spannendes und relativ sicheres Pflaster.
Aber bitte nicht auf eigene Faust losziehen! Immer nur an einer geführten Tour teilnehmen. In Soweto leben auf 150 Quadratkilometer zur Zeit circa zwei bis drei Millionen Menschen. Obwohl dieses Armenviertel als das „wohlhabendste", eigenständigste und sauberste Township in Südafrika gilt, hat es noch immer die weltweit höchste Verbrecherrate im Hinblick auf Mord und Vergewaltigung, auch wenn das hauptsächlich unter den Einheimischen zu verzeichnen ist. Die Armut ist noch immer erdrückend. Und es macht mich als Mutter ganz traurig, Kinder mit Greisengesichtern zu sehen, die im Alter meiner Söhne sind. Desolate Jugendliche und Kids, deren einziger Ausweg Crystal Meth, hier Tik genannt, Alkohol oder Klebstoff schnüffeln ist, um sich kurzweilig in eine schönere Welt zu beamen.

Die Sonne brennt, wir schmecken den Fahrtwind. Fremdländische Klänge verzaubern unsere Ohren.

Die Motoren der Quadbikes röhren, Staub wirbelt auf. Sitzt der Helm auch gut? Der Grosse, 13 Jahre, fährt schon allein, der Kleine sitzt bei Daddy hinten drauf. Nach ein paar Proberunden auf dem Testgelände geht es los.
Die Tour, organisiert von „Soweto Outdoor Adventures", startet bei den Orlando Towers. Die ursprünglichen Kühltürme sind heute ein Outdoor Adventure Center. Herzklopfmomente für uns Eltern. Wird das gutgehen? „Hakuna Matata Mom" (Alles cool), signalisiert Lennox mit dem Daumen hoch.
Der laue Fahrtwind weht um unsere Waden, die Sonnenbrillen schützen vor Staub und Strahlen. Ein buntes Meer aus kleinen Schachtelhäusern zieht an uns vorbei. Spielende Kinder am Wegesrand, Taxi Driver, bunte Märkte mit Straßenhändlern und „Strassenküchen", an denen die Frauen traditionelle Gerichte und Gegrilltes anbieten. Wo sind die Wellblechhütten, der Dreck, das Chaos? Stattdessen gepflegte, saubere Strassen, Zeitzeugen einer positiven Veränderung. Für den ersten Eindruck gibt es keinen Zweiten. Als positiv und pulsierend, speichere ich subito Südafrikas grösstes Township ab, wo fast nur Schwarze und Farbige leben.

„Sawubona …Hellooo“ winken neugierige Kinder. Mit der gleichen Offenheit werden wir von Olivia, in Zulu Sprache und traditioneller Tracht in ihrem Outdoor Restaurant empfangen. Uns zu Ehren gibt es „Inyama ye Nhlokho“.

Am Anfang skeptisch loben selbst unsere Kinder die Gourmet Qualitäten des zart gekochten Rindfleisches vom Kopf der Kuh. Zum Nachtisch gibt es den berühmten Fat cake „Magwinya“, so ähnlich wie unser Schmalzgebäck.

Das soll das härteste Viertel der Welt sein? Heisse Hip-Hop-Musik dröhnt aus aufgemotzten Autos. Auf der Terrasse zum Lunch fröhliche Touristen wie wir. Weingläser klingen, insgesamt eine entspannte Szene auch für Kids.

Viel neues Leben und Einblicke in das coole, neue Josie. Fans sprechen sogar schon von dem „Berlin Südafrikas“.

Inspiration, Herzlichkeit, Lebenslust. Auch Sie werden mit Ihrer Familie begeistert sein von diesem breiten Lächeln Südafrikas. Es ist faszinierend, diese allgegenwärtige Wärme und Freundlichkeit zu spüren und sich ganz unbefangen mit anderen Kulturen anzufreunden.

Gestärkt machen wir uns auf den Weg zur Adresse 8115, Orlando West. Das ehemalige Wohnhaus der Mandelas, das sich Nelson mit seiner ersten Frau Evelyn teilte, ist heute ein Museum. In der berühmten Vilakzi Street lebte Nelson Mandela und Erzbischof Desmond Tutu noch heute und damit zwei Nobelpreisträger. Ein weiteres Highlight ist das Hector-Pieterson-Museum und Memorial. Seit der schwarzen Revolution bis heute eine Pilgerstätte südafrikanischer Schulklassen, die lautstark „Amandla“ (Freiheit) rufen. Und sich stolz vor der lebensgrossen Fotografie von Hector Pieterson ablichten lassen, der 1976 bei einem Schüleraufstand von der Polizei erschossen, weil er demonstrierte. Das Photo, welches um die Welt ging, steht als Sinnbild für einen Tod für Frieden, Freiheit und Demokratie. Wie auch die 1000 Besucher, die täglich Soweto besuchen, macht uns diese imposante Schwarz-Weiss Aufnahme und die traurige Geschichte, die dahinter steht, nachdenklich und betroffen.

Positive Aufmunterung bietet danach unsere nächste Attraktion, ein Löwenpark, nördlich von Johannesburg. Vom Auto aus kann man die seltenen, weißen Löwen beobachten. Mehr als 85 Tiere zählt der Lion Park, der weltweit zu den Top 100 der „Perfect Tourist Desti-

nations" zählt. Besondere Attraktion sind die Löwenbabies, die man streicheln kann.
So süss wie Steiff-Stofftiere sehen die Könige der Tiere aus. Aber Vorsicht. Die kleinen vier Monate alten „Cups" verfügen bereits über eine solche Kraft, dass sie kleinere Kids umwerfen können. Frech und verspielt beissen sie zudem unseren Jungs in die Schuhe und kratzen sie leicht mit ihren Tatzen.
Guck mal über den Tellerrand! Das Lesedi Cultural Village bietet ebenso einen freudigen Familienausflug. Nach dem traditionellen Braai (Grillen) am Lagerfeuer wird in den Strohhütten der nachgebauten Dörfer ein Film über die Geschichte Afrikas gezeigt.
Danach folgen in einer 2,5 Stunden Show traditionelle Tänze der Zulu, Xhosa, Pedi und Sotho. Kids werden die verschiedenen Kulturen Afrikas in der darstellenden Kunst des Tanzes spielerisch näher gebracht. Wie in dem berühmten „Gumboot Dancing", das die Geschichte der einstigen Minenarbeiter erzählt. In roten Gummistiefeln wird heftig gestampft, geklatscht, gelacht bis die Wände wackeln, wir sind froh wenig später wieder in unseren eigenen Wänden zu sein.
Und diese sind „Klein aber Oho". In unserem reizenden Clico Boutique Hotel werden wir in dem gleichnamigen Restaurant verwöhnt, es verfügt über ein einzigartiges, architektonischen Design, wie die vielen Glastüren. Probieren Sie das 5 Gänge Degustationsmenü, Chefkoch Peter und seine kulinarische Kreativität ist ein absolutes Muss in der Jozi Gastro-Szene. Dazu gibt es ausgewählte Weine, guten Service, Kindermenüs in einer gemütlichen Atmosphäre. Dieses tolle Hotel ist ein Must Visit für Familien, wie auch ein Besuch von Johannesburg, eine Stadt mit einen ganz eigenen, ausgefallenen Charme. Ein AAA Rating für Abenteuer, Action, Adrenalin würde ich als Broker dieser besonderen Stadt geben, die Ihr Bild über Südafrika noch authentischer abrunden wird.

Das Photo von Hector Pieterson, das um die Welt ging

Infos:

JOHANNESBURG

www.gauteng.net

www.joburgtourism.com

www.mountziontours.co.za

Bitte sehen Sie dazu das Video auf unserer Website **(www.multicultipress.com)**

RED CITY TOUR

CNR Northern Parkway & Data Crescent/Ormonde, startet alle 30/40 Minuten vom Gautrain Station Park, Kreditkartenzahlung, Kopfhörer (neun Sprachen).

Die jeweiligen Stationen werden von Mitarbeiten des Busunternehmens begleitet. Wasser, Sonnenschutz & Snacks nicht vergessen. Die schönsten Stopps für Familien: Carlton Center, Apartheidmuseum, Gold Reef City, Theme Park.

www.citysightseeing.co.za

www.carltoncenter.co.za

www.goldreefcity.co.za

www.apartheidmuseum.org

www.jhbzoo.org.za

AUSFLÜGE

Lion Park

Privatpark mit 80 Löwen, Geparden, Leoparden, Hyänen, zahmen Giraffen. Besucher fahren mit dem eigenen Auto. Keine Übernachtungsmöglichkeiten, aber genug Souvenirläden & Picknickplätze, 45 km nordwestlich von Jo´burg.

www.lion-park.com

Lesedi Cultural Village

Obwohl ein wenig touristisch gibt es einen guten Überblick über einige der bedeutendsten Kulturen Südafrikas. Abendprogramm inklusive Tanzvorstellung wählen, Dinner an der Feuerstelle mit Strauss, Krokodil und weiteren afrikanischen Spezialitäten auch schön für Eltern. Man kann dort auch übernachten, in typischen Xhosa, Zulu, Pedi, Basotho oder Ndebele Hütten. Die Einheimischen leben selbst dort, was alles noch authentischer macht.

Ca. 50 Euro kostet die Unterkunft in einem Zulu Dorf mit gutem

Frühstücksbüffet.
www.aha.co.za./lesedi/
www.gauteng.net

SOWETO

Soweto Outdoor Adventures

www.sowetooutdooradventures.co.za

Mandela Museum

www.mandelamuseum.co.za
Hector Pieterson Museum und Memorial
www.soweto.co.za

YUMMY

Wandie´s Place

Township Soweto, eine echte Shebeen Townshipkneipe. Die Wände sind mit Visitenkarten „tapeziert“, leckere Gerichte wie „Pap & Vleis“ (Maisbrei & Fleisch), für kulinarisch Neugierige: Schafsköpfe, Kuhhufe.

www.wandiesplace.co.za

In den sicheren, nördlichen Stadtteilen gibt es eine Reihe sehr guter, familienfreundlicher Restaurants.

Gramadoelas

Bree St., im Market Theatre Komplex, mitten in Newton. Lekker sagen die Südafrikaner, kapholländische & afrikanische Küche vom Feinsten. Speziell: Super Atmosphäre & erlesene Gäste, die Queen, Robert De Niro und Clinton waren auch schon da.

www.gramadoelas.co.za

The Codfather Food Emporium

Josie´s bestes Restaurant für Sushi & Fisch. Probieren Sie den Mozambican Shellfisch, Languste & Hummer. Für die Kids: den weltbesten Schokopudding zum Dessert.

www.codfathersandton.com

Maboneng

Die Künstlerkolonie Arts on Main liegt in einem alten Industriekomplex Main/Ecke Berea Street. Sonntags von (10-15 Uhr) ist Market on Main: Selbstgekochtes und Design von einheimischen Künstlern.

www.marketonmain.co.za

SWEET DREAMS

$$$$$

Fairlawns Boutique Hotel & Spa

im Herzen von Sandton gelegen, Nähe Shopping District, Nelson Mandela Square, 40 im klassischen Stil gehaltene, charmante Suiten, die auf die drei Gebäude, The Courtyard, The Villa, the Grande Chateau, aufgeteilt sind. Aussenpool, Balinese Spa und Gym. Das Terrace Restaurant hat Gourmetküche der Weltklasse, Frühstück, Mittag, Abendessen und der Nachmittagstee werden auf der eleganten Terrasse im Kolonialstil serviert.

★ FAMILIENFLÜSTERN ★

Ein „Once in lifetime" Muss für jede Familie.

www.fairlawns.co.za

$$$$

Clico Boutique Hotel

Rosebank, Johannesburg

komfortable, schön eingerichtete Zimmer, Minibar, Kaffee mit täglich frischer Milch, alle mit Gartenzugang oder Balkon.

★ FAMILIENFLÜSTERN ★

Für Familien mit (kleinen) Kindern: Zimmer Nr. 4 im Erdgeschoss nehmen, verfügt über eine Schiebetür zum Pool und Garten.

www.clico.hotel.com

Capital Empire

Appartements

exzellentes Preisleistungsverhältnis und viel Platz für Familien, tolle Lage mit Blick auf die Stadt, gepflegte, grosse Appartements (manche mit oberem Stockwerk), Bad, Küche mit voller Ausstattung, Fitnesscenter, toller Aussenpool mit Blick auf die Skyline, Grillmöglichkeiten, Bar und Restaurant für Familien und sogar Pizzadienst!

www.thecapital.co.za

Capital Hydro

Ferienwohnungen liegen direkt neben dem Einkaufszentrum Sandton City und bieten geräumige und moderne Unterkünfte mit tollem

Stadtblick, Terrasse und voll ausgestatteter Küche mit Waschmaschine, ideal für Selbstversorger, Camper oder Langzeiturlauber.

www.thecapital.co.za

$$$

Hotel Garden Court O.R. Tambo International Airport

familienfreundliches, elegant ausgestattetes Hotel mit grossem Pool im Garten, nur wenige Autominuten entfernt vom Einkaufsparadies Brich Acres Mal und ideal für Zwischenübernachtungen.

www.gardencourt.co.za

Melville Manor Guesthouse

Gästehaus mit Charme, saubere, ruhige, grosse Zimmer, bequeme Betten, schöner Garten mit Pool, englisches Breakfast, nur drei Minuten von Restaurants und Einkaufsmöglichkeiten entfernt, super Lage in dem sicheren Stadtteil Melville, wo man sich auch abends ohne Gefahr aufhalten kann.

www.melvillemanor.co.za

$$

12 Decades

www.12decadeshotel.co.za

Designerhotel im 7. Stock eines Industriegebäudes in Maboneng, dem neuen, hippen Künstlerviertel, jedes Zimmer erzählt die Geschichte von Johannesburg seit 1886 bis 2006, entworfen von einigen der berühmtesten Künstler und Designern Südafrikas.

Abgefahren. Cool.

Was für ein Erlebnis. Löwenbabys streicheln im Lion Park

★ Magaliesburg

Sleep where Ronaldo slept

Schläft es sich in Ronaldos Ex-Bett besser? Alles wurde extra für die Vorbereitung der Weltmeisterschaft 2010 gebaut.

Die Valley Lodge & Spa ist ein schöner Zwischenstopp zwischen Johannesburg und Sun City. Im Herzen der Magaliesburg Berge gelegen befinden sich die 76 Zimmer und Suiten.
Wir bewohnen ein geräumiges, familienfreundlichen Chalets mit einem wundervollen, grossen Garten direkt vor der Haustür. Dahinter plätschert ein Fluss, ein kleines Boot dümpelt vor sich hin, Enten quaken, eine romantische Brücke und Holzbänke laden zum Verweilen ein. Eine Oase der Ruhe und des Friedens, wo sich „body, mind and spirit" treffen, das ist die für Familien sehr zu empfehlende Valley & Spa Lodge, die mehrfach mit renommierten Preisen ausgezeichnet wurde. Wunderschöner Spa Bereich. Mit geheiztem Mineral Pool und Jacuzzi, an der Decke ein Sternenhimmel, genau das richtige zum Relaxen. Hier wird das Wort in die Tat umgesetzt, das Mütter von kleinen Kindern wenig kennen: TT, (Totale Tiefenentspannung). „Mom´s Delight" wird mir von dem zuvorkommenden Personal empfohlen. Die Deluxe Spa Maniküre und klassische Gesichtsbehandlung dauert vier Stunden. Derweil erkunden die Jungs mit ihrem Dad das Gelände. Aktivitäten gibt es viel: Krocket, Volleyball, Fliegenfischen, Wandern, Boot fahren.
Früh am nächsten Morgen wartete schon ein grosses Abenteuer auf uns. Eine Ballonfahrt über den Park, die Lodge hat extra einen eigenen Landeplatz dafür eingerichtet. Nervenkitzel, Sonnenaufgang, so nahe über die Baumwipfel des schönen Magaliesriver majestätisch zu schweben ist nicht nur ein Kick für Kids. Abenteuer gibt es auch in dem tollen Outdoor Pool mit flachem Kinderbereich zu erleben. Bei Bedarf kann man für kleine Kinder einen „Bodyguard" an der Rezeption buchen, eine Nanny, die extra dafür abgestellt wird, auf dem Gelände den ganzen Tag hinter den Kids herzulaufen und aufzupassen. Denn es passiert doch immer wieder, dass Leute nicht genügend auf ihre Kinder achten und Kleinkinder in Pools und Flüssen ertrinken.
Relaxt nach einem schönen Tag kann man sich in der „Malopo Bar" bei flackerndem Kaminfeuer entspannen, bevor es zum Dinner in das gemütliche Restaurant geht. Das Essen, der Wein und der

freundliche Service sind vorzüglich.

Leon glaubt zu träumen und macht uns auf das Zebra aufmerksam, das uns auf dem Rückweg zu unserem Chalet frech den Weg versperrt. Die Tiere dürfen hier einfach frei herumlaufen und anscheinend lassen sie sich erst abends blicken. Aber es kommt noch besser. Zum krönenden Abschluss hat die aufmerksame Rezeption für unsere Jungs noch einen ganz besonderen Triumph im Ärmel. Schläft es sich in Ronaldos Ex-Bett besser? Die Valley Lodge & Spa wurde extra für die Vorbereitung der Weltmeisterschaft 2010 gebaut.

Und das exklusiv für das portuguiesche Soccer Team. Aber das Kichern der Jungs und eine ausgelassene Kissenschlacht lassen wohl eher vermuten, dass an Schlafen noch lange nicht zu denken ist.

www.valleylodge.co.za

★ FAMILIENFLÜSTERN ★

Bill Harrop´s Ballooning

Do it in style! ist die Firmenidee des Familienunternehmens Bill und Mary Harrop, seit 1981 im „fahrenden" Business.

Nach der Landung gibt es für die Erwachsenen ein Sektfrühstück in dem schönen Pavillon Clubhaus Restaurant.

Bedingungen: physisch gesund genug, um die Flugdauer von einer Stunde zu überstehen und befähigt sein, ohne fremde Hilfe von der Höhe des Korbes (60 cm) zu springen.

Kinder sind ab Schulalter sind willkommen. Zu buchen über die Rezeption oder **www.billharrop.co.za**

Die Familienoase Valley Lodge & Spa wurde mehrfach mit Preisen ausgezeichnet.

Pilanesberg National Park

Auf der Karte betrachtet scheint er im Vergleich zum Krüger klein. Weswegen der Pilanesberg National Park oft im Schatten seines „grossen Bruders“ steht. Aber nur scheinbar: Die Zahlen sprechen für sich. Das an Sun City angrenzende Areal, auf einem 1.300 Millionen Jahre alten Vulkankrater gelegen, zählt mit circa 350.000 Besuchern pro Jahr als eine der grössten Touristenattraktionen in der Provinz North West. Aus aller Herren Länder kommen die Besucher. Oft sind es südafrikanische Familien aus Pretoria und Johannesburg, die dieses Juwel zu schätzen wissen. Als Feriendomizil mit malariafreier Zone und guten Strassen ist dieser Park, der die „Big Five“ und an die 300 Vogelarten beherbergt, ideal für Leute mit (kleinen) Kindern und eine ausgezeichnete Alternative zum Krüger Park.

Nach circa drei Stunden mit dem Auto von Johannesburg erreichen wir die weitläufige Hotelanlage der Bakubung Lodge. Nach dem Einchecken beziehen wir eines der modern-afrikanisch eingerichteten Zimmer. Highlight ist ein Teppich aus Leopardenmuster und die Box-Springbetten, auf denen es sich bereits die Kids bequem eingerichtet haben: als „Bed Potatoes“. Unserem klassischen Ritual folgend checke ich währenddessen die sanitären Örtlichkeiten: Sesam öffne Dich! Ein phantastisches Badezimmer mit Marmorbadewanne, diversen Kosmetikproben und handgefertigen Duftkerzen, da freue ich mich schon jetzt auf ein entspanntes Bad nach getaner Arbeit.

Plötzlich höre ich ein Gezeter und Gekreische, es kommt aus Richtung Veranda.

Afrikanische Elefanten werden 60-70 Jahre alt

„Ach sind die süss". Oh je, haben die Kids bereits die Fenster geöffnet und ihren Wegproviant in Form von Bananen an die Affen verfüttert. Fataler Fehler, denn jetzt fängt das ganze Affentheater an. Wir werden sie einfach nicht mehr los, blecken unsere ungebetenen Gäste hämisch ihre schmutzig-gelben Zähne und hämmern penetrant gegen die Glasscheibe. Wir akzeptieren kein Nein! hören sie selbst bei geschlossenem Fenster nicht auf, zu nerven. Well, das ist kein Weltuntergang, genauso wie die Tatsache, dass die Hotel Lobby kein Bargeld wechselt, fallen aber insgesamt die Feedbacks der Familien positiv aus. „What a cool place!" schwärmt Rob Pearson in seiner Rezension, der bereits das dritte Mal mit seiner Familie hier ist. Und einige haben sogar „die meist gefeierten Momente der Kindheit" hier verbracht, kommen einige Familien schon seit 20 Jahren zu diesem legendären Family Safari Hide.
„Kommt, wir machen erstmal eine Hotelinspektion und fragen nach dem WLAN Code!" locke ich die Kids aus dem Zimmer. Draussen werden wir belohnt durch einen wunderschönen Sonnenuntergang. Auf der Weide mit viel Weite grasen friedlich einige Gnus und Buffalos, schnell sind meine Jungs anders codiert und fotografieren fleissig. „Nice cool place" nicke ich meinem Nachbarn zu, der sich einen Aperitif genehmigt. Bei drei Euro ist das sehr gute Preisleistungsverhältnis zu betonen, dass auch für den YUMMY Bereich gilt: Das Frühstück auf der Terrasse mit Blick auf das Wasserloch ist ein Gedicht, Sonnenschein, Speck und Ei und unzählige Vögel und Steppentiere, die vorbeiziehen, ein unvergess-

Luxus pur in der Bakubung Lodge: modern-afrikanisch eingerichtete Zimmer mit Teppichen aus Leoparden muster erfreuen die Gäste

Früher Vogel fängt den Wurm, ist das Motto bei den Morgensafaris. Dann ist das Licht am Schönsten.

liches Erlebnis. Das gleiche gilt auch für das Abendessen, mit gemütlichen Sitzplätzen rund ums Kaminfeuer. Es gibt ein vielfältiges Buffet mit afrikanischen Köstlichkeiten und Desserts, die immer wieder zum Nachschlag verführen.

Früher Vogel fängt den Wurm, ist das Motto bei den Morgensafaris. Dann ist das Licht am Schönsten. Um 5.30 geht es los, gähnen wir um die Wette mit einem Flusspferd, das samt Nachwuchs in aller Seelenruhe die Strasse überquert. Im Gegensatz zum Krüger sieht man hier relativ viele Tiere, ohne stundenlang warten zu müssen, was kleine Kinder sehr nervt. Zudem ist der Pilanesberg auch für einen Tagesausflug geeignet. Das sind weitere Pluspunkte für diese malariafreie Variante zum „Petit Frère". Tierbegegnungen hautnah, auch an den Seen, sind hier garantiert, beobachten wir prustende Flusspferde beim Morgenbad. Have a break. Have a good coffee gibt es bei einer Pause im Busch Bohnen-Kaffee und Kekse, bevor man zu einem ausgiebigen Frühstück in die Lodge zurückkehrt. Aber vorher machen wir uns noch auf Pirschfahrt. Bei der Suche nach Löwen merken wir schnell, wie gross die 550 Quadratkilometer des Parks sind.

Im Gegensatz zum Krüger-Nationalpark sieht man hier relativ viele Tiere, ohne stundenlang warten zu müssen.

Bis in die siebziger Jahre zogen Rinder durch die Täler der sanft geschwungenen Hügel der Pilanesberge. Zuvor war das Gebiet der damaligen Farmgegend eingezäunt. Drei Hügelketten, die ringförmig um den ehemaligen Krater des Vulkans angeordnet lagen, zeugen im Zentrum des Parks noch heute davon. Circa 9000 Tiere, darunter Elefanten, Nashörner, Flusspferde, Gnus, Hyänen, Zebras, Wasserbüffel, Wildschweine, Schakale, verschiedene Antilopenarten wie Wilderbeast, Springbock, Eland, Kudu, Löwe, Cheetah, Leopard und verschiedene Vogelarten leben in der offenen Savannenlandschaft, die oft in dicht stehendes Buschwerk übergeht.

Rund 200 Kilometer Fahrwege gibt es für die Besucher des Busches, bis auf die Hauptstrecken sind sie ungeteert, das ist aber auch kein Problem für normale PKW´s. Hat man mal einen platten Reifen, kommen die Ranger einem sofort zur Hilfe. Positiv fiel mir wie immer in Südafrika die Sauberkeit auf, die viele ordentliche Picknickplätze und Lookout Plätze haben. Besonders erwähnenswert ist der

grosse Beobachtungsposten am Manche Damm, einem See, der im Zentrum des ehemaligen Kraters liegt. Hier finden sich immer Tiere ein, selbst zur Mittagszeit.
Nicht nur für Ornithologen schön zu beobachten sind die schwarz-weissen Graufischer, die so an die Nähe von Touristen gewöhnt sind, dass man ihnen förmlich beim Fischejagen ins Maul schauen kann. Zur Freude der Kids entdecken wir sogar das designierte Traum-Haustier von Lennox, ein grasgrünes Chamäleon, das gut versteckt im Busch auf Beute wartet.
Der Ausblick auf den See lohnt auch von oben. Vom Lenong-Aussichtspunkt ist es bei Sonnenuntergang ein besonders schöner Abschluss für unseren Besuch. Was will man mehr? fragen wir uns und halten beide Daumen hoch. Eine tolle Atmosphäre, nettes Personal, hervorragende Küche und einmalige, tierreiche Safaris ohne Malariagefahr. Diese Lodge ist auf jeden Fall ein Fall zum Weiterflüstern, da sind sich alle Familienmitglieder einig.

Infos:

ANFAHRT:

Von Johannesburg auf die N4 Richtung Rustenberg, dann auf die R 556 Richtung Sun City fahren. Fahrzeit etwa zwei Stunden.

★ FAMILIENFLÜSTERN ★

Möglichst Wochenenden und südafrikanische Schulferien vermeiden, dann ist es auch auf den Safaris schön leer.

SWEET DREAMS

Das Angebot reicht von exklusiven 5-Sterne-Lodges, Selbstversorger Chalets, Safarizelten hin zu Campingplätzen. Alle Lodges bieten Tierbeoachtungsfahrten sowie geführte Wanderungen an, die meistens im Übernachtungspreis mit enthalten sind.
$$$$
Bakubung Lodge
76 Zimmer mit Zugang zur Terrasse oder einem Balkon mit Panoramablick auf den Park und das Flusspferd Pool. Kinder jeden Alters willkommen. Grosses Gelände mit Schwimmbad, Bar und Restaurant. **www.bakubunglodge.co.za**

$$$

Manyane Resort

Hauptcamp direkt am Main Gate im Osten des Parks. Reetgedeckte, afrikanische Chalets, Selbstversorger, einfache Safarizelte, Lounge oder Loft Schlafzimmer, Campingplatz, Restaurant, saubere Zimmer.
www.manyane.co.za

Bakgatla Resort

am Bakgatla Gate im Norden des Parks, grosse Anlage mit Selbstversorger-Chalets, Safarizelte, eine Luxury Lodge oder Studios mit Bad, gross, sauber, komfortabel, gibt aber auch einen grossen, gepflegten Campingplatz mit Restaurant, zentral am Pool und Spielplatz gelegen.
www.pilanesbergnationalpark.org

Sun City ist ein Potpourri par excellence aus Luxus & afrikanischer Phantasie.

Afrikanische Elefanten werden 60-70 Jahre alt

Sun City

Urlaubsreif

Am nächsten Morgen geht es weiter zum grössten Vergnügungsparadies der Südhalbkugel, dem „Las Vegas von Afrika".

Anfang der 90er Jahre liess der Unternehmer Sol Kerner auf 26 000 m2 gleich neben Sun City auch noch die Lost City mit dem legendären Hotel „The Palace" entstehen. Wie eine Oase in der Wüste wirkt Sun City, umgeben von den majestätischen Pilanesbergen, die sich mit karger Buschlandschaft abwechseln. Das preisgekrönte „The Palace of the Lost City" ist ein Meisterwerk aus Kitsch, Kunst und Kult. Paläste wie aus „1001 Nacht" vermischen sich mit der Mystik und Baukunst südamerikanischer Indianerstämme. Ein Potpourri par excellence aus Luxus und afrikanischer Phantasie. Alles ist bis zur Perfektion gestylt und dermassen authentisch, dass das Ganze schon wieder schön ist. Mit vielen Wasserfällen, Dschungelkaskaden und dem tropischem Urwald, „Crocodile Valley" hat man wirklich das Gefühl, gleich biegen „Crocodile Dandy" oder „Indiana Jones" um die Ecke.

Für die rund 300 Millionen Dollar Baukosten hat man sich auch ansonsten einiges Originelles einfallen lassen: handgeschnitzte Möbel, Kuppeln mit afrikanischen Design. Im Entrée eine imposante, Mamor geflieste Lobby, einen Wandteppich von der Grösse eines kleinen Fussballplatzes. Am Eingang von Grand Hotel Palace befindet sich eine lebensgrosse Elefantenskulptur des berühmten „Mighty Elephant Shawu". Er war einer der sieben grössten Tiere aus dem Krüger Park, mit den längsten Stosszähnen der Welt. Ebenso beeindruckend ist der Blick von der Aussichtsplattform des Palace. Man bekommt einen guten Überblick über das gigantische Gelände, das vorwiegend ein architektonisches Thema zu beherrschen scheint: „Elefanten und Diamanten". Auf keinen Fall verpassen sollte man die Erdbebensimulation auf der Brücke in der „Sonnenstadt", die wie so oft mit einer Allee von Elefanten mit gigantischen Stosszähnen gesäumt ist. Der absolute Adrenalinkick für Kids ist das einmal pro Stunde simulierte Erdbeben auf der Brücke der Lost City und ebenso spannend ist der Vulkanausbruch auf dem sogenannten Lava Pfad, der die täglich bis zu 25.000 Besucher zufrieden stellt.

Neben dem kostspieligen Grand Hotel „The Palace" gibt es alternativ vier weitere Hotels, wo man günstiger übernachtet. Wie das familienfreundliche „Cabanas“. Die Zimmer sind nicht sehr gross, aber dafür mit kleinem Garten, der nicht weit vom Schwimmbad und dem grossen See entfernt ist. Dort kann man unter anderen Wasseraktivitäten einen Jet Ski mieten, Schwimmweste ist obligatorisch.

Zum Lunch geht es ins „Santorini“. Eine sehr schöne Location in einem tropischen Garten mit plätscherndem Wasserfall direkt am Pool. Der „Greek Salat“ und die Pizzen für die Kids sind sehr zu empfehlen.

„A million thrills. One destination“ Sun City kann seinem Werbeslogan mehr als gerecht werden.

Nachmittags geht es in das Wellenbad in der Lost City. Das „Valley of Waves“ ist ein Wasserparadies mit Wellenbad und Sandstrand. Zudem gibt es atemberaubend hohe Rutschen, die allerdings nur Kinder benutzen dürfen, die über 1,20 Meter sind. Überall gibt es zu Essen und zu Trinken. Einen Beachvolleyplatz, Sand, so weiss wie in der Südsee. Kleine Inseln laden zum Sonnenbaden ein. (Sonnencreme nicht vergessen). Für kleine Kinder gibt es einen kleinen Fluss, auf dem man in einem Schlauchboot durch einen Urwald schippern lassen kann.

Berühmt wurde Sun City durch seinen „Gary Player Golf Course“ und der alljährlich hochdotierten „Nedbank Golf Challenge“, den „One million Dollar shot“.

Hier möchten unsere Jungs unbedingt das berühmte Hole Nr. 9 sehen, in dem Krokodile liegen. „Beware!“ warnt ein Schild. „Adult crocodiles“. (Erwachsene Krokodile). Es wird höflichst darauf hingewiesen, bitte nicht in das Loch hineinzuspringen, um verloren gegangene Golfbälle wieder zu holen – wären wir jetzt gar nicht drauf gekommen :-)

Sehr zu empfehlen ist, das Golfgelände mit einer „Sedway Gliding Tour“ zu erkunden. Hier dürfen schon Kids ab 10 Jahren ein eigenes Fahrzeug lenken. (Helmpflicht). Schwer ist es nicht, man muss ein bisschen das Gleichgewicht halten, was Kindern ja leicht fällt.

Auf jeden Fall ein Mega Spass für die ganze Familie, inmitten einer bezaubernden Botanik, glänzenden Seen und dem Sichten von kleineren Tieren wie die Dikdik Antilope.

Ansonsten ist 24 Stunden-Entertainment auf dem ganzen Gelände angesagt. Glücksspiel, Amüsement und Action pur, ganz so, wie es

die Kids lieben. Die Qual der Wahl bieten Dutzende von Angeboten wie Heissluftballonfahrten, Safaris in den nahegelegenen Pilanesberg, Sunset Cruise, Wellnessbehandlungen und vieles mehr.
Am Abend können Besucher wählen: zwischen Spielautomaten, Shows, Kasino und den vielen Restaurants, die mit den kostenfreien Shuttle Bussen bequem zu erreichen sind.
Wer nicht im Palace wohnt, sollte sich zumindest hier einmal ein Abendessen gönnen. Am Eingang Zinnen, Türme, Fackeln, die hell brennen. Das Interieur ist erstrahlt von der distinguierten Eleganz eleganter Grand Hotels. „Das Crystal Court“ und das „Villa de Palazzo“ haben Spitzenqualität. „Africa´s Finest“ wird aufgetischt: Kudu Steak und ein „mouth watering“ Rotwein sorgen dafür, dass wir, wie immer in Afrika, kulinarisch-königlich verwöhnt werden.
Nicht umsonst steht Sun City deshalb ganz hoch im Kurs bei Stars und Sternchen. Das ganze Jahr finden hier grosse Events, Konzerte oder Dreharbeiten statt. Wir hatten Glück, weil dort gerade der Hollywood-Hochkaräter „Urlaubsreif“ mit Adam Sandler und Drew Barrymore abgedreht wurde. Plot: Die beiden alleinerziehenden Eltern Lauren und Jim, die sich eigentlich hassen, haben eine Reise nach Sun City gewonnen. Mit urkomischen Slapsticks-Einlagen und authentischen Aufnahmen von den Freizeitaktivitäten und Restaurants über das Gelände ist dieser familientaugliche Film auch für die Kleinsten eine lustige Einstimmung für Ihre geplante Reise.
„A million thrills. One destination“ Sun City kann seinem Werbeslogan mehr als gerecht werden. Faszinierendes Afrika. Träume erleben. Pure Magie, die nicht nur Kinderaugen zum Strahlen bringt.

Infos:

Zwei Autostunden nordwestlich von Johannesburg
www.sun-city-south-africa.com

SWEET DREAMS

Es gibt vier Hotelkategorien von Luxus bis Low Budget:
$$$$

The Palace of Lost City

Eigentlich hat dieses Grand Hotel inoffiziell sechs Sterne, sehr mondänes Grand Hotel, Potpourri aus Luxus und afrikanisch-orientalischer Phantasie, wie die Zinnen, Türme und Fackeln, die hell brennen.

Zudem gibt es einen 65 m langen Pool, 334 Zimmer, 4 Suiten.
Blick auf Lost City und Valley of Waves.
$$$$

Cascades

befindet sich schön gelegen in einem tropischen Garten, umgeben von Wasserkaskaden, in der Nähe des Entertainment Centre und dem Golfplatz.

Sun City Hotel

mit Blick auf den Pool und Golfplatz ist es perfekt für anspruchsvolle Gäste und Golfer.
Die (Luxus) Familienzimmer mit Kingsize Betten und Schlafsofas sind ideal für Paare mit kleinen Kindern.
$$$

Cabanas

zentral gelegen in der Nähe des Freizeitcenters und der Waterworld ist es das preiswerteste für Familien.

YUMMY

Frühstück: Palm Terrace Restaurant
Lunch: Santorinis Cascades Hotel
Aperitif: Tusk Cocktailbar
Dinner: Abends hat man die Qual der Wahl zwischen den vielen Restaurants: Peninsula Hotel Cascades, Palm Terrace, im Sun City Hotel kann man wählen zwischen asiatischer, südafrikanischer, indischer Küche oder Bistro Style.

★ Madikwe

Tau Lodge: Darth Vader of Afrika

Wuoah, wir können unser Glück kaum fassen, in einer der familienfreundlichsten Produkte auf dem Safari Markt weltweit als Gäste Station zu machen.
Nach einer herzlichen Begrüssung und einem erfrischenden Welcome Drink wollen wie nicht länger warten. Voller Neugierde machen wir uns auf den Weg zu den Unterkünften, 30 Luxus-Reet-gedeckte Chalets Deluxe oder Standard. Speziell für Familien gibt es zwei Familien-Einheiten. Zudem zwei Family Suites, die aus 2-Zwei-Bett-Zimmer bestehen, in denen sich Eltern und Kids eine komfortabel Lounge teilen. Unsere geräumigen Zimmer sind im afrikanischen Dekor geschmackvoll eingerichtet und mit allem Komfort ausgestattet. Auch für unsere Kids ist was dabei: 24 Stunden WLAN, Stecker, Adapter. Für uns Eltern die angenehmen, luxuriösen Details wie eine Open Air Dusche, ein eigenes Badezimmer, Deckenventilatoren, Klimaanlage und der Kaffee wird am Morgen frisch ans Bett serviert.
Gemeinsame Schnittpunkte der Generationen: Mit den wilden Tieren per Du. In privater Atmosphäre eine eigene Terrasse zur Verfügung zu haben ist im wahrsten Sinne des Wortes „tierisch". Da kann selbst das „Daddeln" nicht mithalten. Mit Blick auf freilebende Elefanten, die nur durch einen Fluss und Starkstromzaun von uns getrennt sind. Als die grauen Riesen uns bemerken, nehmen sie mit gestrecktem Rüssel Witterung auf. Wo bitte gibt es auf Erden so eine Begrüssung?

Wildlife-Elefanten-TV im XXL Format

Die Tau Lodge gilt als die „Krone" der Safari Produkte und liegt an der nördlichen Grenze des malariafreien Madikwe Game Reserves. Die insgesamt 75.000 Hektar halten meine Männer auf Trab, die es gleich in Fussballfelder umrechnen: genau 105,042 Fußballfelder ist das Gelände gross, sehr gut per PKW in rund 4,5 Stunden von Johannesburg zu erreichen. Zu der gepflegten Anlage, umgeben vom rauem Buschfeld und unberührter Natur, gehört ein wunderschöner Garten mit einer einer bunten Botanik wie aus dem Bilderbuch.
Frühstücksbuffet und Mittagessen werden in der Main Lodge, ein im afrikanischen Ambiente gestaltetes Haupthaus, eingenommen. Dort befindet sich auch der Outdoor Pool und die Tau Spa Facilities mit Massagen, Energie Therapien und Relax-Wohlfühlmomenten – eine weitere „Oase" in dieser wundervollen „5 Sterne Oase" Lodge.
Besonders für Eltern mit kleinen Kindern ist die familienfreundliche „Child Policy" von Tau Management hervorzuheben. Verzichten Sie nicht auf dieses „Bonbon", kinderfreie Zeit mit Ihrem Partner zu geniessen, während die Kleinen bei einem „Early Dinner" mit ihren Kumpeln ebenso auf ihre Kosten kommen werden.
Das Restaurant mit der holzgetäfelten Veranda bietet einen unvergesslichen Blick auf das Wild am Wasserloch. So authentisch und grandios, dass es einem trotz des kühlen Chardonnays ganz warm ums Herz wird. Nicht nur wegen des herzlichen Personals, dass einen gut umsorgt, sondern auch wegen des schön anzusehenden Schauspiels der Natur. Elefanten, Krokodile, Springböcke, Wildschweine, Gnus, Zebras, Adler tummeln sich gechillt in dieser wilden

Genau 105,042 Fußballfelder! ist das Gelände gross, sehr gut per PKW in rund 4,5 Stunden von Johannesburg zu erreichen

Kulisse der Konferenz der Tiere. Es gibt 27 verschiedene Tierarten in diesem Naturreservat. Neben der Big 5 Safari der grossen Tiere befindet sich hier auch ein Ornithologen-Paradies der besondern Art. Beim „Bird watching" kann man an manchen Tagen bis zu 210 verschiedene Vogelarten beobachten.
Das private, malariafreie Madikwe Game Reserve im Nordosten von Südafrika ist landschaftlich und architektonisch ein Traum. In dem schönen Pool mit Blick auf den Busch dürfen Kids ausgiebig toben. Entspannen, erfrischen, Körper und Seele in der afrikanischen Landschaft baumeln zu lassen ist für uns Eltern auf unserer Terrasse angesagt. In den bequemen Liegestühlen geniessen wir Wildlife-Elefanten-TV im XXL Format.
Wie bei allen Safari Lodges gibt es feste Regeln und Zeiten, an die sich Besucher zu halten haben. Wie der Afternoon Tea, der in der Sommerzeit um 15.00 Uhr mit Kaffee-und Kuchenköstlichkeiten serviert wird. Um 15.30 geht es zum Afternoon Drive, in den Wintermonaten ist um 16.00 Abfahrt. Generell sollte man bis 12.00 Uhr mittags auf der Lodge im Haupthaus sein. Just in Time, um entspannt Lunch oder Kaffee, Kuchen und entspannte Konversation mit den anderen Gästen oder Ranger zu geniessen.
Wenig später steigen wir in den Landrover, der blubbernd losfährt. Bei den Game Drives wird darauf geachtet, dass Familien aus aller Herren Länder zusammen in einem offenen Jeep untergebracht werden. Eine gute Gelegenheit, Leute kennenzulernen. Zwei Mal pro Tag findet eine drei- bis vierstündige Safari statt, bei denen die

Als die grauen Riesen uns bemerken, nehmen sie mit gestrecktem Rüssel Witterung auf

Was für ein gigantischer Augenblick, ein Löwenweibchen direkt vor uns

Safari-Guides immer alles geben. Sehr nahe an den Tieren verfolgen sie mit Leidenschaft ihren Job. So nahe, dass wir die wilden Tiere walken sehen und die Giraffen beim Kauen hören können. Dabei gehen die Ranger sehr professionell vor und kennen sich im Terrain bestens aus. Und nicht nur da geniessen sie von unseren Kids uneingeschränkte Aufmerksamkeit. Mit grossen Augen kleben sie an den Lippen des Wildexperten und lauschen aufmerksam seinen Worten, als er wie ein wandelndes Lexikon über die einheimischen Fauna und Flora berichtet. Der sympathische, junge Mann hat gleich ein „Stein im Brett“ bei unseren Boys. Brüten die „Männer“ gemeinsam ein kleines Geheimnis aus? denken wir, als sie ein wenig abseits von uns Eltern leise flüstern.

Zunächst sehen wir nur kleinere Tiere, wie den bunten Hornbrill, einer der Hauptdarsteller in Walt Disneys „König der Löwen“. Dieser bunt-schillernde Vogel verliert seine Federn, um es als Baumaterial für ihre Nester zu benutzen, erklärt uns der nette Ranger. Und natürlich gibt es noch mehr zu sehen. Neben Elefanten finden sich hier Nashorn, Leopard, Löwe und Kaffernbüffel unter den Big 5.

Aufgeregte Rebhühner am Wegesrand, scheinbar orientierungslos stöbern sie durcheinander. Aber nur scheinbar. Denn ihre Zickzackkurs hat den Sinn, unsere nächste Tierbegegnung anzukünden. „Guinepes“ gelten als Warnsignal für andere Tiere. Dort sind Katzen in der Nähe. Und tatsächlich. Hinter einem Felsen hat sich eine Löwin mit ihren fünf „Cups“, ihren fünf Jungen, verschanzt. Eigentlich waren es sechs, aber eins davon wurde gerissen. „That´s nature“ zeigt

Zu den emotionalsten Erfahrungen einer Safari gehört es wohl, seine Lieblingstiere aus nächster Nähe zu sehen

unser Ranger achselzuckend wenig Mitleid, während wir fleissig fotografieren und die verspielten Löwen beobachten, die neugierig ihre Umgebung erkunden.

Besonders für Eltern mit kleinen Kindern ist die familienfreundliche „Child Policy“ von Tau Management hervorzuheben.

Weiter geht´s zur Beobachtung von männlichen Löwen. Es sind zwei Brüder, die noch kein eigenes Rudel gegründet haben und somit von Rivalenkämpfen noch weit entfernt sind. Je dunkler die Mähne, desto ausgereifter die Löwenmännchen. Paschas vor dem Herrn, weil sie den Weibchen des Rudels die Jagd überlassen. Aber dennoch beim Fressen den Löwenanteil bekommen. Das Männchen darf zuerst fressen, es folgen dann die ranghöchsten Weibchen, zuletzt die Jungen.

Als Copilot vorne sitzen? Gewehr und Funkgerät vor der Nase? Diese Einladung von Ranger Grant lässt sich Léon, unser Grosser, nicht zweimal sagen. Es geht vorbei an dicht bewachsenen Hügeln der Aloen und Speckbäume, die in zarter Blüte stehen und die wilde Kulisse unserer nächsten Geschichte bilden, in der „Darth Vader of Africa“ und weitere wilde Tiere eine tragende Rolle spielen wird.

Unser nächster Stopp sind die Elefanten. Insgesamt gibt 250 Dickhäuter in Madikwe. Die grauen Riesen leben sehr lange, haben insgesamt fünf Paar Zähne, das letzte mit circa 65 Jahren. In der auch brutalen Natur gibt es keinen Elefanten-Zahnarzt, der ihnen ein künstliches Gebiss herstellt. Sie verhungern regelrecht, weil sie die Nahrung nicht mehr kauen können. Bevor sie sterben suchen sie freiwillig einen Elefantenfriedhof auf, um sich dorthin zurückzuziehen und Platz zu machen für die nächste Elefantengeneration.

Die Dickhäuter leben im Matriarchat. Die Leitkuh hält die Familie zusammen.

Zu den emotionalsten Erfahrungen einer Safari gehört es wohl, seine Lieblingstiere aus nächster Nähe zu sehen. Buffalos, Lennox Favoriten, kreuzen unseren Weg. Dutzende sind es, Mütter und Kinder protegiert in der Mitte. Zum Schluss der Herde die „Protektoren“ oder „Body Guards“, die mit ihren schlammbedeckten, massiven Körper und dem gewaltigen Schädel, auch in „Slow Motion“ furchteinflössend sind. Und das zu Recht. „Dagger Boys“ werden die mächtigen Kaffernbüffel von den Safari-Guides genannt. Alt, gebrechlich, und sehr aggressiv haben sie deshalb einen ebenso schlechten Ruf wie ihre Kollegen im Fluss. Neben Flusspferden gelten Büffel als die gefährlichsten Tiere von Afrika. Ein „Black Death“ ist eine schwarze Kampfmaschine: Mit 54 PS pro Stunde sollte man „Darth Vader“, wie ihn Lennox tauft, besser nicht im Mondschein begegnen. Nichts kann einen angriffslustigen Buffalo stoppen.

Ein „Black Death“ ist eine schwarze Kampfmaschine: Mit 54 PS/h sollte man „Darth Vader“ besser nicht im Mondschein begegnen.

Ausser eine Gewehrkugel. Der Guide legt das Gewehr an, um den Kids zu demonstrieren, wie man sich im Notfall verteidigt. „Wollt ihr auch mal halten?“ zwinkern die drei männlichen Wesen sich zu. Das Geheimnis ist gelüftet. Stolz üben die Jungs den Umgang mit dem Gewehr. Wir wundern uns über ihre plötzlich so hervorragenden Englischkenntnisse!

Sundowner Time. Soft-Drinks, Weinflaschen, Obst und Knabbergebäck werden ausgepackt. Der Himmel über Afrika ist phantastisch, das Grün der Wälder, das Rosa des Himmels, das Jaulen der Schakale und das Gebrüll eines Löwen, das man übrigens über acht Kilometer Entfernung hören kann. Jupiter, der hell strahlt. Glückliches Glucksen der Kids unter kuschligen Wolldecken. Sternschnuppen und eine Begegnung bei der Heimfahrt mit Cheetahs und den selten zu sichtenden „Honey Badgers“, Honigdachsen, runden diese unvergesslichen Sternstunden mit unserer Familie ab. Besonders schön auch das Dinner, das wir zum krönenden

Das Geheimnis ist gelüftet

Abschluss bei diesem unvergleichbaren Wildlife Erlebnis in der einmalig schönen Tau Lodge geboten bekommen: Ein „Booma" unter dem Kreuz des Südens" finden auch Kinder besonders schön. Der Tisch ist mit Kerzen festlich gedeckt, in den Feuerkörben zischt die heisse Glut. Das Buffett mit afrikanischen Wild-Köstlichkeiten wie Impala, Kudu, Strauss ist einfach Yummy, first class cuisine. Serviert unter einem unvergesslichen Blick in den Sternenhimmel Südafrikas. Begeistert beenden wir unseren wundervollen, weinreichen Abend.

Unterkunft:

➤ **Tau Lodge bietet für jeden Besucher eine konsequent luxuriöse Umsetzung der Gästebetreuung, wie man sie aus allen Highclass-Safari-Produkten gewöhnt ist und sich die Frage nach einem gerechten Preis-Leistungsverhältnis erübrigt. Ein absolutes Muss zum Wohlfühlen und Weiterflüstern.**
Auch für kleinere Kinder geeignet. Der Tau Cubz Club bietet ein familienfreundliches Kinderprogramm von drei bis fünf Jahren, das aus kurzen Pirschfahrten, Schatzsuche und einem bunten Kinderprogramm zum Mitmachen besteht. Besonders schön die Rucksäcke und Geschenke, die sie behalten dürfen.
Ab sechs Jahren dürfen die Kids an den Safaris teilnehmen.
www.taulodge.co.za

Stolz üben die Jungs den Umgang mit dem Gewehr. Wir wundern uns über ihre plötzlich so hervorragenden Englischkenntnisse

Ein „Booma" unter dem Kreuz des Südens verwöhnt mit afrikanischen Wild-Köstlichkeiten, ein Leckerbissen auch für Kinder

Jaci´s Safari Lodge: Ferrari Safari

Am nächsten Morgen machen wir uns wieder auf den Weg, zu einem weiteren Safari-Juwel der „Long Last Memories", der lang anhaltenden Erinnerungen. Jaci´s Lodge ist 3,5 Stunden von Johannesburg entfernt und liegt inmitten des 75000 Hektar grossen Madikwe Game Reserve. Die Traumunterkunft ist international bekannt für ihre familienfreundliche Professionalität im Safari-Business. Neben der Sichtung der Big 5 gibt es eine grosse Bandbreite von Angeboten wie Photosafari, Hochzeiten,Vogelsafari und vor allem eine Begegnung mit der bedrohten Tierart der Wilddogs, afrikanische Wildhunde.

Es gibt nur wenige Dinge auf dieser Welt, die atemberaubender zu erleben sind, als diese beiden Giraffen zu beobachten

Nach einer herzlichen Begrüssung geht es über eine abenteuerliche Hängebrücke zu unserem Zimmer. Die Besucher können sich entscheiden zwischen „Jaci´s Tree Lodge" und „Jaci´s Safari Lodge" mit insgesamt acht Zelten oder den zwei exklusiven Familiensuiten. Beide Unterkünfte sind designtechnisch ein Safari-Traum und zeigen alle auf ein schönes Flussbett, das oft Tiere auf ihrem Weg zum Wasserloch zeigt.

Wir haben uns wegen der Kinder für die Variante Safari-Zelt entschieden, mit der Struktur eines offenen Baum-Hauses hat es etwas Abenteuerliches. Das Innere des Luxus-Zeltes ist sehr geräumig, geschmackvoll und mit gelungener Dekoration ausgestattet. Afrikanische Thematik und schöne Details, wie zum Beispiel ein Bad mit

Einen Safari-Traum der Luxusklasse erleben Sie in Jaci´s Safari Lodge

Stein-Mosaiken, Wasserarmaturen aus Kupfer und einer extravaganten Outdoor-Dusche sind vorherrschend.
Die Mahlzeiten werden im Haupthaus eingenommen, eine Terrasse mit Blick in die Wildnis unter schattigen Bäumen. Gemütlichkeit versprechen die offene Küche und die grossen, bequemen Kissen, die überall in den kleinen Sitzecken zu finden sind. Der Brunch mit einem leichten Chardonnay ist vorzüglich. Auch die Abkühlung im Aussenschwimmbecken und die kurze Siesta in unserem Zimmer, mit Blick in die Wildnis.
Sonne, rote Erde, das sonore Blubbern des offenen Landrovers, die ersehnte Pirschfahrt am Nachmittag kann losgehen. Wir sichten die ersten Tiere: Ein Wasserbock mit seinem weissen Rand am Hinterteil, das aussieht wie ein Abdruck von einem Toiletten-Sitz, dazu seine typische, herzförmige Schnauze. Giraffen, Zebras, Elefanten und Kaffernbüffel folgen. Besonders spannend sind die weissen und schwarzen Nashörner. Wie man diese zwei Arten auseinander halten könne, fragt Léon. Ein schwarzes Nashorn verfüge über 45-Grad-Zähne und verteile Tonnen von „poop", von seinen Kot, der zum Markieren seines Territoriums dient. Und insgesamt sei das schwarze Nashorn viel aggressiver als das weisse, erklärt ihm die junge Rangerin Cheerish.
Grosse Freude kommt auf, als wir wenig später die „Wild Dogs" sehen. „Der sieht ja aus wie Batman!" beflügeln die grossen Fledermausohren des afrikanischen Wildhundes Lennox' Phantasie. Unter dem wissenschaftlichen Namen „Lycaon pictus" zusammengefasst ist er der grösste wild-lebende Hund der afrikanischen Savanne. Auch oft

Wenn Giraffen stillstehen nennt man sie (in der Safari-Sprache) „Towers" (Türme)

„Hyänenhund" genannt, da er ihr äusserlich sehr ähnlich sieht. Allerdings sind die Wildhunde kleiner als Hyänen und wandern ziellos in kleinen Herden. Zwar sind sie gleich den Hyänen Rudeltiere, aber es gibt als Anführer ein dominantes Alpha-Paar und sehr interessant- nur dieses pflanzt sich auch tatsächlich fort. Ist das vielleicht der Grund, dass der Erhaltungszustand der Wildhunde stark gefährdet und abnehmend ist?

> *Auf eine Safari gehen bedeutet auch, dass Sie grossartige Menschen treffen werden.*

Der majestätische Galopp von dem höchsten Säugetier der Welt hält uns bei unser nächsten Tier-Begegnung richtig auf Trab. „Journey´s" (Reisende) heissen sie in der Safari-Sprache. Simple auch der Ausdruck, wenn die Giraffen still stehen, dann nennt man sie „Towers" (Türme). Es gibt nur wenige Dinge auf dieser Welt, die atemberaubender sind, als diese beiden Giraffen in den verschiedensten Positionen zu beobachten.

Hyänen sind in der Nähe, Cheerish bemerkt es sofort an ihrem weissem Kalk-Kot, den sie hinterlassen haben. Diese Säugetiere zählen nicht zu den Katzen, sondern leben mehr wie Elefanten, in einem Matriarchat. Männchen und Weibchen sind schwer zu unterscheiden. Nur dass die voll ausgewachsen Weibchen etwas größer sind. Ihre Welpen werden bereits mit Zähnen geboren.

Auf eine Safari gehen bedeutet auch, dass Sie grossartige Menschen

„Bro´s" auf Safari- eine Herzensangelegenheit

treffen werden. Und wunderbare Freundschaften schliessen können, wie wir es mit der Familie von Duncan und Margaret Butcher und ihren beiden Kinder erlebt haben, die in Johannesburg wohnen.
Es ist Sonntagabend. "Tatort Zeit". Wir werden Zeuge eines aussergewöhnlichen Schauspiels der Natur. Der Himmel über Afrika ist dramatisch-schön, alle Schattierungen von rosa bis leichtem violett, da sind wir alle voller Respekt für die Großartigkeit dieser Schöpfung.
Zwei, drei Dutzende von Tieren aller Arten und Grössen haben sich rund um die Wasserstelle versammelt. Das Opfer ist ein Kudu. Er ist noch am Leben, aber bestimmt nicht mehr lange. In langsamen Bewegungen schleppt er sich zur Wasserstelle. Er humpelt stark und zieht ein Bein hinter sich.
Nashörner, Elefanten und verschiedene Arten von Antilopen sind alle um ihn versammelt, fast scheint es so, als wollten sie den verletzten Kudu beschützen. Denn die Täter sind schon da. Schakale schleichen unruhig in weiten Kreisen um ihr Opfer herum. Sie warten, warten auf die richtige Zeit, mit hängenden Zungen und röchelndem Atmen wird ihr Tempo immer hektischer.
Und ihre Kreise immer enger, während es uns eng ums Herz wird. „Armer Kudu" bemerken wir dicke Krokodilstränen in Lennox Augen. Unsere Rangerin hat weniger Mitleid, denn dies sei der Weg der Natur, so balancierten sich die Tiere selbst aus.
Ein einsamer Elefanten-Bulle trinkt mit einer unendlichen Langsamkeit, die majestätisch anmutet, aus dem Wasserloch. Nashörner mit Nachwuchs, verschiedene Arten von Vögeln, Nilpferden und Kroko-

Jaci's Safari Lodge ist international bekannt für die Sichtung der Big 5 und den Wilddogs dilen, die sich im Wasser befinden, sorgen einen Augenblick lang für Ablenkung.

Wenige Minuten später der nächste Herzklopfmoment auf dieser Abenteuer-Fahrt. Ein grosser Elefant, eindeutig nicht allzu glücklich über das aktuelle TV-Programm, greift einen anderen Safari-Jeep an. Die Ohren breit aufgespannt vor Wut rennt der Bulle auf das Fahrzeug zu, um es anzugreifen. Doch schon hat der Ranger das Gewehr zur Hand. Die Münder der Touristen sind weit offen und ihre Augen voller Angst, als sich das riesige Tier bedrohlich schnell dem Land-Cruiser-Jeep nähert.

BÄÄNG! Wir hören ein lauten Knall, der von dem anderen Safarifahrzeug kommt. Der Ranger am Steuer schlägt mit voller Wucht auf die Autotür und brüllt den Elefanten an: „Cool down, man".

Dieser scheint einen Moment verwirrt, dann tritt er mit wackelnden Ohren den Rückzug an, er hat diese Schlacht verloren.

Nach so viel Aufregung ist es an an der Zeit, zur Lodge zurückzukehren. Die plötzliche Dunkelheit kommt wie aus dem Nichts. Wir beginnen, schneller zu fahren. „Ferrari Safari". Wir sind sehr dankbar dafür, dass Duncan´s Tochter Frances uns den Weg mit einer sehr grossen Taschenlampe ausleuchtet.

Unsere Zimmer haben die schönste Aussicht, sie liegen an einem tierreichen Wasserloch am Ufer des Marico Flusses. In der Dunkelheit sind die Silhouetten der wilden Elefanten zu sehen, die hinter dem elektrischen Zaun Pflanzen fressen. Ihre Rüssel sind riesig, und wie Bulldozer Maschinen machen sie sich an die Arbeit, das Knacken der Äste ist ein ungewohntes Geräusch.

„Der sieht ja aus wie Batman!" beflügeln die grossen Fledermausohren des afrikanischen Wildhundes Lennox Phantasie.

Lassen sie noch ein paar Bäume für uns übrig, fragen wir uns, denn wir wollen noch ein paar Geschichten hören, die der Wind in den alten Tamboti-Bäumen uns hier zuflüstert.

Gemeinsam mit den Rangern und anderen Gästen geniessen wir unser Abendessen in der freien Natur unter einem schönen Sternenhimmel und einem traditionellen „Booma". Spezielle Wünsche wie Nuggets mit Ketchup für Kinder aufzutischen sind kein Problem. Auch nicht, sie zu beschäftigen, ist Feuer immer faszinierend und

animiert Kids zur selbstständigen Beschäftigung.
Wertvolle Zeit für uns Erwachsene für ein wenig Safari-Smalltalk. Was denn aus unserem Kudu geworden sei, halten wir den Atem an. Wackelig auf seinen Füßen sei er noch gewesen, erzählt ein Guide über unser Sorgenkind, er sei getaumelt wie ein Betrunkener. „Aber keine Sorge," beruhigt uns der Ranger der ihn noch länger beobachtet hatte, „es scheint, dass er nur leicht verletzt ist und überleben wird", gibt es ja doch noch ein Happy End bei unserem Tatort.

Unterkunft:

➤ **Jaci´s Safari Lodge gehören zu den besten Luxuslodges Südafrikas. Diese super spannende Familien-Lodge mit real-life-Safari-Erlebnissen der Luxusklasse ist jeden Cent wert. Jaci´s Lodges ist eine wunderbare Erfahrung, eine erstklassige Unterkunft, mit familienfreundlichen Eigentümern und Mitarbeitern. Die Preise sind sehr wettbewerbsfähig und der Service ist weltklasse.**

★ FAMILIENFLÜSTERN ★

Für Kinder spannend ist die Variante Safari-Zelt, mit der Struktur eines offenen Baum-Hauses, das hat etwas Abenteuerliches. Das Innere des Luxus-Zeltes ist sehr geräumig, geschmackvoll und mit sehr gelungener Dekoration ausgestattet. Afrikanische Thematik und schöne Details, wie zum Beispiel ein Bad mit Stein-Mosaiken, Wasserarmaturen aus Kupfer und einer extravaganten Outdoor-Dusche sind vorherrschend.

Jaci´s Nare Suite

Diese exklusive Familiensuite ist mit privatem Pool und eigenem Safari-Fahrzeug für Familien ausgestattet. Achten Sie auf Last Minute Specials. Falls Sie ein besseres Preisangebot eines anderen Anbieters haben, scheuen Sie sich nicht, mit dem Management von Jaci´s zu verhandeln.
Preise beinhalten: Abendessen, Brunch, Games Drives und evt. Begleitung zum Flughafen.
www.jacislodges.co.za

Waterberg

ANT´S PARADISE

Wir können es kaum erwarten. Denn die Fahrt von Johannesburg ins malariafreie Waterberg dauert länger als geplant. Wir sind „off the beaten track": Grosse Steine, Schlaglöcher und Geröll machen unserem Mittelklassewagen schwer zu schaffen. PFFFFFFFF! Gerade noch geschafft!

Genau vor dem Tor der Safari Lodge Ant's Nest gibt der linke Vorderreifen seinen Geist auf. „Sharp cool" zeigen wir den Daumen hoch: Diese Bilderbuch-Lodge ist schlicht und ergreifend bezaubernd. Diese besonders schönen Busch-Unterkünfte von Ant und Tessa Baber sind für ihre Familienfreundlichkeit international berühmt und mehrfach preisgekrönt. Die weitläufige Lounge des Haupthauses, ein im kolonialen Stil gehaltenes Farmgebäude, ist geschmückt mit Masken, Holzfiguren und Straußeneiern. Mit den schweren Bildbänden auf massiven Teakholztischen fühlt man sich förmlich in eine „Jenseits von Afrika" Romantik versetzt. In unserem geräumigen Familienzimmer vermitteln Moskitonetze und Himmelbetten den Hauch von Exotik und Romantik, der zu einem Afrika-Aufenthalt dazugehört. Auch im Badezimmer dominiert die afrikanische Attitüde: Relax, Chill, 'DNAA' ("Doing nothing at all"). Es bietet einen romantischen Blick in den kleinen Garten. Sechs En-Suite-Zimmer und der Familienbungalow World View mit kilometerweiter Aussicht bieten Platz für 12 Gäste.

Auf unserer grosszügigen Terrasse mit warmen Terrakotta-Fliesen

Die Sonne scheint: ein einziger „Out of Africa" Traum

Das im kolonialen Stil gehaltene Haupthaus i geschmückt mit Bilder Masken und massiven Teakholztischen

bewegt sich eine antike Babyschaukel aus Mahagoni Holz sanft im Wind. In Windeseile wird sie von Lennox' Kuscheltier „Buffalo" in Besitz genommen. Glücklich geniessen wir den Blick über die Weiten des privaten Wildreservates, das idyllisch eingebettet im Herzen der Provinz Limpopo liegt.

Nach einem leichten Mittagessen machen wir uns auf zu einem sogenannten ‚Afternoon Game Drive'. Gleich zu Anfang sehen wir Giraffen, zwei alte und drei Jungtiere, die mit ihren langen Hälsen neugierig hinter den Büschen hervorlugen. In Sekundenschnelle rollen die langbewimperten Tiere, In Sekundenschnelle rollen die langbewimperten Tiere mit ihrer violetten Zunge die Blätter ein und verspeisen diese schmatzend. Eine Nashornkuh mit Kalb schwenkt langsam den Kopf hin und her. Dann trabt Mama Nashorn samt Nachwuchs entspannt von dannen.

Heartbeat Moments: Ein wirklich prägender Moment. Welches Kind wünscht sich das nicht?

Wildtiere ganz nah. Und besonders dann, wenn es sich dabei um das Lieblingskuscheltier eines jungen Gentleman handelt. Es ist erfrischend und entzückend, eine Safari einmal aus Kinderaugen zu betrachten. Jippieeee! Der Wind weht uns um die Ohren, der Landrover blubbert und rumpelt, die Kinder lachen vor Vergnügen. „Hallo! Hallo!" begrüsst unser kleiner Lennox eine Herde von Büffeln. Wir warten geduldig, bis auch das letzte Tier die Strasse überquert hat. Im Busch nimmt das Wild grundsätzlich das Vorfahrtrecht für sich in Anspruch.

Die geräumigen Suiten bieten jeden erdenklichen Luxus

Das Reservat verfügt über einen stets wachsenden Bestand an Breitmaulnashörnern, Büffeln und einer Vielzahl anderer Wildtierarten. Auf einem idyllischen Hügel mit grossartigem Ausblick machen wir Rast. Ein Tisch mit festlichem Blumengesteck lädt zum Sundowner ein. Wir Erwachsenen geniessen das obligate „Safari-Knigge-Getränk" Gin and Tonic und unsere Jungs verpieseln sich mit Ranger Jock zu einem „easy peasy pee", der amtlichen Buschtoiletten-Pinkelpause.

Auf dem Rückweg werden wir von einem schönen Sonnenuntergang begleitet. Im Hintergrund der untergehenden Sonne die silberne Silhouette der Waterberge. Auf der Rückbank des Rovers kichernde Kids, eingemummelt in warme Wolldecken. „Enjoy Africa!" Ranger Jock beugt sich vom Vordersitz breit grinsend zu uns nach hinten. Mit seinem Safarihut und verwegenem Flair erinnert er sehr an Robert Redford. „Give me five, boys!" ruft er und die Jungs schlagen begeistert ein. „Das Glück der Erde, liegt auf dem Rücken der Pferde" Ist es die Stille, ohne Motorengeräusche? Oder die Tatsache, dass man viel näher an das Wild herankommt? Dies will ich am nächsten Morgen herausfinden. Voller Tatendrang schwinge ich mich auf meinen gesattelten Schimmel. Eine Reitsafari in Ant´s Nest ist eine besonders spannende und neue Erfahrung für mich. Pferde sind der beste Weg, Wildtiere aus nächster Nähe in ihrem natürlichen Habitat zu beobachten. Aug' in Aug' zu sein mit Springböcken, Eland-Herden, Gnus und den seltenen Antilopenarten Oryx und Säbelantilope ist ein absolutes Highlight. Aus der Ferne sichten wir einige Zebras. „Esel im

Jippiieeee! Der Wind weht uns um die Ohren, der Landrover blubbert und rumpelt, die Kinder lachen vor Vergnügen

Pyjama" lacht meine Reitlehrerin Diana und erklärt mir, kein Zebra gliche dem anderen. Denn jedes Tier trägt ein individuelles Streifenkleid — wie unser Fingerabdruck — und zeichnet sich somit durch grosse Einzigartigkeit aus. Die Hufe meiner Stute sinken in die sandige Piste ein und sie schnaubt in der kühlen Morgenluft. Die anderen Pferde schütteln ihre Mähnen und im gemütlichen Schritttempo folgen wir dem schmalen Weg, rechts und links von Dornbüschen gesäumt. Die über 90, bestens ausgebildeten, zuverlässigen Pferde sind im Busch und mit der hiesigen Tierwelt gross geworden. Mit von der Reitpartie ist auch Moses, der kerzengerade auf seinem Pferd sitzt und der Kultur der Pedi oder Bapedin angehört. Diese Ethnie ist ein in Südafrika beheimatetes Bantu-Volk und gleichsam ein Teilvolk der Sotho. Die meisten leben im Norden des Landes in der Provinz Limpopo. Hin und wieder stoppt Moses, um mir etwas über die Pflanzen- und Tierwelt beizubringen. Als Ethnologin interessieren mich seine mythologischen Geschichten sehr, zum Beispiel über den Marulabaum, auch als ‚Elefantenbaum' bekannt. Legt sich eine Schwangere einen Marulazweig unter das Kopfkissen bekommt sie je nachdem, was sie sich wünscht, einen Jungen oder ein

Eine Reitsafari ist der beste Weg, Wildtiere aus nächster Nähe (in ihrem natürlichen Habitat) zu beobachten.

„Mama, wir haben Nashörner, Antilopen und Zebras gesehen" schwärmen die Jungs mit leuchtenden Augen

Das Reservat verfügt über einen stets wachsenden Bestand an Breitmaulnashörnern, Büffeln & einer Vielzahl anderer Wildtierarten

Mädchen. „Schau mal, dies ist ein Knobthorn Tree", Moses zeigt auf einen knotenartigen Baum und erklärt mir, dass aus dem Pulver dieser Akazienart die Einheimischen eine Schönheitscreme zur Brustvergrößerung herstellen.
„Now we go for a slow canter" ordnet Diana zum langsamen Galopp an. Es macht sehr viel Spass, im Sand zu reiten. Allerdings muss man sich bei der kurvenreichen Strecke sehr vor den Dornbüschen in Acht nehmen. So bin ich dankbar für die Pause, die wir an einem kleinen Fluss machen. Zum Glück braucht hier keiner Angst vor Bilharziose, einer gefährlichen Tropenkrankheit, zu haben. Sonst wäre das Schwimmen mit den Pferden im Fluss, so wie es als Aktivität angeboten wird, auch gar nicht möglich. Die Stille ist schön, friedlich, göttlich. Mensch, Tier und Natur ganz im Einklang mit sich selbst und dem Universum. „Mama, wir haben Nashörner, Antilopen und Zebras gesehen" schwärmen die Jungs mit leuchtenden Augen, als sie mich beim Reitstall abholen. Strahlend erzählen sie von ihrem aufregenden Vormittag, den sie mit Papa Gérard und Ranger Jock verbracht haben: Quad-Bike fahren, Fußball spielen und Trampolin springen. Das Sportprogramm wird hier gross geschrieben. Neben Mountain Bike, Beachvolleyball, Badminton und Basketball spricht auch die „Elephant Back Safari" dafür, dass sich hier Eltern und Kids nicht langweilen werden.

Die Stille ist schön, friedlich, göttlich. Mensch, Tier und Natur im Einklang mit sich selbst und dem Universum.

Nach dem Mittagessen gönnen wir uns eine Abkühlung in dem Tropengarten umsäumten, 15-Meter-grossen Outdoor-Pool. Bei strahlendem Sonnenschein feiern die nimmermüden Kinder ihre eigene Poolparty. Wie so oft sind sie „Door opener" und stellen schnell den Kontakt zu der netten Familie aus Österreich her. Nina, Robert und ihre drei süssen Kids Oscar, Leo und Mia leben seit drei Jahren in Johannesburg. Es sei zwar ein richtiges Abenteuer, wie Nina mir versichert, als ich mit ihr Erfahrungen übers Reisen, Kindererziehung, Busch und Bücher austausche. Aber in drei Jahren sei noch nie was passiert und es sei auch überhaupt nicht so gefährlich, wie alle immer sagen. Alle, das seien vor allem jene, die nur mit dem Finger auf der Landkarte in Südafrika waren.

YUMMY IN THE BUSH

„Yummy in the bush, ist das lekker!“ Heute geniessen wir unser Mittagessen mal in der freien Wildnis. Hühnchen, Impala, Maissalat, Chardonnay und Cola für die Kiddies, die später mit Stöcken am Fluss spielen. Die Sonne scheint: ein einziger ‘Out of Africa’ Traum. Mit von der Partie ist der Londoner Gast Adrien, welcher witzigerweise Klaus Maria Brandauer wie aus dem Gesicht geschnitten ist und mit seinem trocknen, britischen Humor bestens in diese wunderschöne Filmkulisse passt.

ANTS HILL

Am späten Nachmittag besichtigen wir mit den Österreichern Ants Hill. Die Schwesterlodge wurde 2003 auf einem Bergrücken erbaut. Durch die Verarbeitung einheimischer Steine und dem Holz aus dem eigenen Wildreservat strahlt das farbenfrohe, afrikanische Interieur, samt Türrahmen und Kaminen aus wilder Olive, wohlige Wärme und Gemütlichkeit aus. Bereits seit 1886 ist die Lodge im Besitz der Familie Baber, englische und irische Pioniere, die sich als einer der ersten in dieser Gegend als Farmer niederliessen. Die fünf Suiten sind jeweils so gross, dass hier vom Baby bis zum Teenager eine Grossfamilie genügend Platz findet. Namen wie Eagle’s Nest, Lookout oder Honey Moon Suite mit „Royal King Size“-Betten versprechen paradiesische Hochzeitstage und Nächte. Und am nächsten Morgen eine schöne Abkühlung im eigenen Pool auf der Terrasse. Wer es vorzieht kann seine Bahnen auch im Salzwasserpool mit Blick auf den

Bei strahlendem Sonnenschein feiern die nimmermüden Kinder ihre eigene Poloparty

Kids sind „Door-Opener“ & stellen schnell Kontakt zu anderen Kindern & Familien her

Busch ziehen. Weiter geht's zu dem Privathaus der Eigentümer. Dort bewundere ich ein Hochzeitsbild des Paares. Es steht auf dem Kamin des ehemals verfallenden Farmhauses, das 1990 renoviert wurde. Tessa Barber ist geborene Kenianerin mit deutschen Wurzeln. „South Africa, not for Sissies" („Südafrika ist nichts für Püppchen") Unsere charmante Gastgeberin charakterisiert jenen durchsetzungsfähigen Frauentyp: patent, unkompliziert und sehr warmherzig.

Noch heute spürt man die afrikanische Atmosphäre dieses himmlischen Ortes sowie die ganze Liebe zu Afrika mit seinen weiten, offenen Flächen. Bis heute haben sich Ant und Tessa Baber diese Affinität zu Abenteuer und zur Wildnis erhalten.

In der Abenddämmerung zeigt uns Tessa ihr Findelkind Max. Die Mutter des kleinen Nashorns wurde von Wilddieben, Poachers, erschossen. Seltsam, was für lustige Laute das Urzeittier mit dem massiven Körper und den kurzen, dicken Beinen von sich gibt: Hohe Töne, den Walen ähnlich. Es klingt so, als wenn man bei einem Luftballon die Öffnung langzieht und langsam die Luft entweichen lässt, aktivieren diese niedlichen Geräusche instinktiv unseren Welpenschutz.

Kerzenlicht, Kristallgläser, Kaminflackern.

Der Tisch ist festlich zum Abendessen gedeckt. Der edle Rotwein und das zarte Kudusteak sowie die lebhafte Konversation mit Manager Steve, Adrien und den Österreichern veredeln unseren letzten Abend. „Können wir aufstehen?" Léon und Lennox haben mal wieder Hummeln im Hintern, denn sie rutschen ungeduldig auf ihren Stühlen herum. „Wir auch? " betteln die Zwillinge Oscar und Leo

Genießen wir mal Mittagessen in der freien Wildnis. Hühnchen, Impala und Maissalat

Was für lustige Laute so ein Nashorn von sich gibt: hohe Töne, den Walen ähnlich

unisono und entlocken uns allen ein Schmunzeln. Unter Indianergeheul verkrümelt sich unsere süsse Brut auf ihre Zimmer, um zu zocken und endlich elternfreie Zeit zu geniessen.

Am nächsten Morgen verlassen wir wehmütig diesen schönen Ort der Inspiration, Herzlichkeit und Lebenslust. Und was bleibt? Die Erinnerung an wilde Tiere und glückliches Kinderlachen.

Unterkunft:

➤ **Ant's Hill verfügt über eine ganze Bandbreite verschiedener Unterkünfte, die von der Kategorie ‚Standard' bis ‚Superior Deluxe' reichen. In atemberaubender Lage gebaut kann man in Ants Nest oder Ants Hill wohnen, beide Unterkünfte sind gepflegt und kreativ gestaltet und werden den verschiedensten Anforderungen und Budgets gerecht.**

★ FAMILIENFLÜSTERN ★

Die Weaver Suite, das Family Cottage, die Hideaway und die Sable Suite sind sehr zu empfehlen. Und noch ein Tipp: Manchmal hat man Glück und bekommt einen kostenlosen Upgrade für eine Suite, wer kann sollte nicht in der Hauptsaison fahren. www.waterberg.net

Bei einem Spaziergang im Busch gibt es für Kids viel Neues zu lernen & zu entdecken

★ *Kwazulu Natal*

Durban und Umgebung

Als „the rainbow people of God“ (Gottes Regenbogenmenschen) beschrieb der Kapstädter Erzbischof Desmond Tutu die südafrikanische Bevölkerung aufgrund ihrer ethnischen, sprachlichen und kulturellen Vielfalt. Bei den Zulu allein gibt es etwa 200 Stämme, die meisten von ihnen leben noch immer in ihrem traditionellen Siedlungsgebiet, KwaZulu Natal.

Die drittgrößte Stadt in Südafrika hat 3,5 Millionen Einwohner, mehr als eine halbe Million davon sind Inder.

Die Hauptstadt Durban ist sonnig, bunt, lebendig und lockt mit dem warmen, Indischen Ozean. Die drittgrößte Stadt in Südafrika hat 3,5 Millionen Einwohner, mehr als eine halbe Million davon sind Inder. Wie ist die indische Kultur nach Südafrika gekommen? Durch den britischen Gouverneur und Namenspatron dieser Stadt, d´Urban. Bis 1875 trafen in seinem Auftrag über 30.000 Menschen überwiegend aus Süd- und Ostindien in Durban ein, um als Vertragsarbeiter auf den Zuckerrohrplantagen der britischen Kolonie Natal zu arbeiten. Nach Beendigung des Fünf-Jahres-Vertrags im Wert der Rückfahrtpassage konnten sie auch die Option wählen, Land zu erwerben.Viele entschieden sich gegen die Lebensumstände in ihrer indischen Heimat und blieben in Natal. Die andere Gruppe von Indern kam als sogenannte „Passage-Inder“. Als britische Staatsbürger konnten sie frei reisen, mussten aber das Geld für die Überfahrt selbst bezahlen. Gefolgt von indischen Geschäftsleuten, unter ihnen auch der Rechtsanwalt Mahatma Gandhi, der 21 Jahre für die Rechte der indischen Immigranten kämpfte. Dieser indische Flair und ein Hauch von Kolonialismus sind bis heute geblieben. Südafrika Fans, Reiseveranstalter und Reisejournalisten freuen sich jedes Jahr auf die Indaba, die grösste Reisemesse in Afrika, die im Mai mit einer Beach Party und dem traditionellen Malay-Curry ins Leben gerufen wird. Genauso wie die zwei Millionen Besucher, unter ihnen viele Südafrikaner, die jährlich die Partyhauptstadt des Landes besuchen, bin ich immer wieder fasziniert von dem Facettenreichtum dieses Ortes: tropisches Klima, mondänes Multimulti-Flair, der Duft des Orients und der warme, exotische Wind, der einem an jeder Ecke sanft um die Wangen streicht.

Attraktionen

Botanical Garden

Liegt nordwestlich von Durban´s Zentrum im Viertel Berea, schöne Bäume wie die Zykadeen (seltene, grosse Palmfarne), Orchideenhaus, nett auch das Gartencafé und die regelmässigen Konzerte.

www.botanicalgardendurban.co.za

Jumah Mosque

1930 gegründet, als die grösste Moschee der südlichen Hemisphäre absolut sehenswert. Bitte beachten Sie die kulturellen Regeln: Schuhe ausziehen und für die Frauen eine Kopfbedeckung.

www.beautifulmosque.com

Victoria Market

Danach kann man noch rüber zum Victoria Market schlendern. Wie gut es dort duftet! Exotische Gewürze aus Fernost werden zum echten orientalischen Erlebnis. Neben afrikanischer Keramik und Flechtwaren bietet dieser Markt ein Potpourri dessen, was die indischstämmigen Bewohner von Durban einst aus ihrer Heimat mitbrachten: Gewürze als Puder oder Pflanzen, getrocknete Bohnen, Obst, Saris, indischen Schmuck, und weitere 1001 Souvenirs aus Asien sind dort zu finden. **www.zulu.org.za**

Natural Science Museum & Durban Art Gallery

Im Rathaus (City Hall), im ersten Stock, befindet sich das Naturkundemuseum, besonders interessant der ausgestellte Laufvogel Dodó, im zweiten Stock ist eine der besten Kunstsammlungen des Landes untergebracht, die Art Gallery. Besonders bemerkenswert sind die

Rikscha fahren ist sehr populär hier

Das Umhlanga Rocks Protea by Marriott liegt direkt an Durban´s Strand

Werke europäischer Maler aus dem 15. Jahrhundert und die von südafrikanischen Künstlern. **www.zulu.org.za**

Kwa Muhle

Wer nicht in Johannesburg war, für den könnte dieses Museum interessant sein. Fotografien und weitere Ausstellungsstücke zeigen die Geschichte der Apartheid und die jüngste Vergangenheit dieser Stadt auf.

Sugar Terminal

„The weak can never forgive. Forgiveness is the attribute of the strong."(Ghandi)

Bestimmt haben Ihnen die kleinen Zuckertüten mit den schönen Aphorismen von Hulett schon einmal den Kaffee versüsst. Durban ist mit süsser Raffinesse reich geworden durch den Export von Rohrzucker, der im ganzen Land auf Plantagen angebaut wird. Das kann man gut im Hafen von Durban sehen, der auch der wichtigste des Landes ist. Interessant auch für Kids die Maydon Wharf, einer der grössten Zuckerumschlagplätze der Welt, täglich werden 750 Tonnen Zucker verladen.

Golden Mile

Für Familien ein Muss ist die legendäre Golden Mile, die sechs Kilometer lange Strandpromenade mit Hotels, Restaurants, Pools und Liegewiesen. Anlässlich der WM 2010 wurden nicht nur die Sicherheitsvorkehrungen verschärft, sondern auch die ganze Beachfront modernisiert, sie erstreckt sich heute vom neuen Fußballstadion bis zum uShaka Marine World. In Durban ist man per Rikscha unterwegs. Die traditionelle Kleidung der Fahrer mit ihrem farbenfrohen Kopfschmuck ist nicht zu übersehen. Aber Achtung, wenn Sie sich die Fahrt sparen wollen und einfach ein Foto machen, werden Sie sofort zur Kasse gebeten. Zulu kommt von izulu, übersetzt Himmel. Die hochgewachsenen

Menschen sind bekannt für ihren Stolz, den sie bis heute beibehalten haben. Die Zulus haben schnell verstanden, sich nicht von den Touristen „abziehen" zu lassen, sondern machen es eher umgekehrt. Während der 80er Jahre haben Zulu-sprechende Frauen aus dem Valley of Thousand Hills, nahe Durban, begonnen, aus Perlen Kleider, Figuren, Tiere und andere Objekte aus ihrer eigenen Umgebung herzustellen. Diese Figuren, die noch heute auf allen Märkten und in zahlreichen der Geschäften angeboten werden, waren eine innovative, kreative und vor allem eine sehr geschäftstüchtige Antwort auf eine Marktlücke.

www.durban.co.za

Das uShaka Marine World

Der gigantische Marine Freizeitpark, der sich auf 15 Hektar Fläche an der Beachfront erstreckt, ist und bleibt die Hauptattraktion der Golden Mile.

Für echtes Titantic-Feeling soll ein nachgebautes Schiffswrack sorgen, in dessen Heck sich ein Restaurant befindet. Hinter grossen Glasscheiben sieht man die Fische und Haie vorbeiziehen, allerdings ist es teuer und sehr dunkel innen drin. Es gibt ingesamt sieben Aquarien und die grösste Haipopulation der Südhalbinsel. Dazu kommt eine gigantische Badewelt „Wet´n Wild" mit Riesenrutschen, Strand, Wassersport. Zwar ist alles etwas künstlich, aber manche Kids können hier problemlos ein ganzes Wochenende verbringen. Und wo kann man schon mit der Taucherglocke auf dem Kopf zwischen Haien wandern und ganzjährig schwimmen?

www.ushakamarine-world.co.za

STRÄNDE

Das ganzjährig warme Wasser des Indischen Ozean eignet sich mit Kindern perfekt für einen Badeurlaub, bei Wassertemperaturen von durchschnittlich 24 Grad. North Beach gilt als der schönste und sicherste Stadtstrand. Noch herrlicher, authentischer und leerer sind die Strände an der South Coast. Beachlife und bewachte Strände findet man aber auch in Margate südlich der Hafenstadt.

Etwas gemässigter geht es in Scottburgh und Hibberdene Beach zu. Ballito und Umhlanga Rocks liegen nördlich. Und keine Angst vor

Haien, die meisten Strände sind mit Netzen vor Haien gesichert, die anderen besser meiden.

Umhlanga Rocks

ist einer der beliebtesten Badeorte Südafrikas, mit wunderbaren Stränden, viele Szenen aus Stefanie Gercke´s spannenden Südafrika-Romanen spielen dort. Für Wassersportler, insbesondere Surfer, ist dieser Badeort ein Paradies, hier gibt es auch die weltweit grössten künstlichen Surfwellen.

Die hin und wieder durch Felsen unterbrochenen kilometerlangen Sandstrände sind alle durch Hainetze gesichert und garantieren so das ganze Jahr ein unbegrenztes Badevergnügen.

In der der Nähe liegt das „Umhlanga Lagoon Nature Reserve“, eine Besichtigung wert.

★ FAMILIENFLÜSTERN ★

Hi Hai

Keine Angst vor Haien, seit 1964 gibt es eine „Hai-Polizei“, die 45 kilometerlangen Hai-Netze, die vor der Küste gespannt sind, machen Durban´s Strände absolut sicher und garantieren so das ganze Jahr ein unbegrenztes Badevergnügen.

Natal Sharks Board

Tolles Haimuseum, das mit einer Multimedia-Show auf drei grossen Leinwänden beginnt. Seit über 35 Jahren erforscht die „Natal Sharks Board“ das Leben und die Gewohnheiten von Haien. Für Kids spannend: Man kann zusehen, wie ein Hai seziert wird.

www.shark.co.za

Valley of 1000 Hills

Nur wenige Kilometer nördlich von Durban befindet sich der Nagle Dam, ein Stausee, neben dem sich das fast 1000 Meter hohe Natal Table Mountain erstreckt. Fantastische Aussicht auf das liebliche Tal des Mnegeni River, das wegen seiner unzähligen grünen Hügel auch das Tal der 1000 Hügel genannt wird. Dort buntes Treiben aus Kultur, Kunsthandwerk,Tourismus und vielen Cafés und Pubs.

www.valleyof1000hills.co.za

SWEET DREAMS

$$$$$

Oyster Box

Direkt gegenüber dem Umhlanga-Leuchtturm liegt dieses 5-Sterne-Hotel in 1A Lage. 86 luxuriös eingerichtete Zimmer und Suiten, preisgekröntes Spa mit Hamam, wer dort nicht wohnt: Es gibt einen stilvollen High Tea auf der Ocean Terrace Bar mit Blick auf den Indischen Ozean und manchmal Delfine, täglich werden frisch geerntete Austern im preisgekrönten „Grill Room Restaurant“ angeboten, ein Ort, der weltweit bekannt ist für seinen guten Fisch und für seine exzellenten Weine.Die Oyster Bar mit traumhafter Aussicht ist ebenfalls einen Besuch wert. **www.oysterbox.co.za**

$$$

Beverley Hills Hotel

Das Hotel ganz in der Nähe des Leuchtturms von Umhlanga strahlt die zeitlose Eleganz der Grand Hotels aus, etwas Hollywood-Glamour und sehr viel Familienfreundlichkeit. Beverley Hills ist preisgekrönt für diesen atemberaubenden Blick von der Terrasse und vom Pool oder Garten aus, man blickt direkt auf den Indischen Ozean und zum Strand sind es nur ein paar Schritte.

Woher der Name stammt? Von Beverly Hills Hollywood, hatte ich auch gedacht, aber das Hotel ist nach dem Namen der Tochter des Besitzers benannt. Schön auch für eine Nebenbesichtigung, sehr gutes Essen und Getränke bei einem erstklassigen Service.

www.southernsun.co.za

$$$

Alle guten Dinge sind drei: so kann man in Durban zwischen den folgenden Protea Häusern wählen:

The Edward

Dieses familienfreundliche Hotel hat nicht nur Meerblick, sondern liegt auch genau an der Golden Mile, direkt gegenüber von Seaworld. Man kann wählen zwischen drei verschiedenen Restaurants, eines mit chinesischen Spezialitäten.

www.marriott.de

Umhlanga Rocks by Marriott

Tolle Lage als Tor zu den goldenen Stränden, nur 120 Meter zum Strand, ist man mitten im Trubel von etlichen Restaurants und Bars, freundlicher Service, die 250 eleganten Zimmer haben einen atem-

beraubenden Blick aufs Meer und Wifi ist problemlos, im siebten Stock gibt es einen super Swimming Pool auf der Terrasse mit atemberaubenden Blick über die ganzen Stadt und den Ozean, besonders schön in der Abenddämmerung. Auf jeden Fall ein Zimmer mit Meerblick buchen, die Zimmer nach vorne raus sind nicht ganz so ruhig und es gibt auch eine schöne Suite für Familien.

www.marriott.de

Protea by Marriott

liegt im New Town Center, 20 Minuten von uShaka Marine entfernt, ideal auch um von dort die Dolphin Coast zu entdecken, 205 Betten, davon 50 Familien-Appartments und 24 Junior Suites.

Ein Schwimmbad auf dem Dach und ein schöner Garten, gutes Frühstücksbuffet und sehr gute à la carte Gerichte, Kino, Theater, Restaurants, Shops und Sport werden im „Gateway Theatre of Shopping" direkt gegenüber angeboten.

www.marriott.de

$$

Das Carrington Guest House

ist eine super Unterkunft mit zwei Schlafzimmern, einer grossen Küche und grossem Wohnzimmer. Draussen in dem kleinen Garten gibt es einen tollen Swimmingpool, von Palmen umrandet. Dustin, der Besitzer und seine nette Auntie (Tante) sind sehr herzlich und helfen mit guten Tipps. **www.carringtonguesthouse.co.za**

YUMMY

Ocean Basket

schöne Terrasse mit Meerblick, fangfrischen Fisch und gute Menus, die man auch als Take Away mitnehmen kann, falls die Augen grösser waren als der Mund. **www.oceanbasket.com**

Remos Fratelli

italienisches Restaurant mit sehr gutem Essen, super Stimmung und schönen Toiletten mit italienischen Fotografien. Es ist immer brechend voll im Restaurant und an der Bar, viele Südafrikaner aber auch Italiener, jeder gestikuliert lautstark, und man versteht sein eigenes Wort nicht, ganz so wie im wirklichen Italien, super Pizzen für die Kinder und draussen kann man an einem einem kleinen Brunnen nett sitzen. Um 22.00 gibt es eine schöne Tradition, die Musik wird aufgedreht, die Gäste wedeln alle mit ihren weissen Servietten herum und winken einem zu, bei der Polonäse einmal durch ganze Restaurant, mitzumachen. Wer dann noch nicht genug hat, es gibt noch einen gute Bar und Nightclub gleich nebenan. (Babysitterservice gibt es im Protea Hotel) **www.remos.co.za**

The Famous Fish Company

bei köstlichem Seafood kann man hier den in den Hafen einlaufenden Schiffen zusehen. Empfehlenswert sind die Steaks und das exotisch gewürzte „Portuguese Chicken". **www.oflocal.co.za**

The New Café Fish

gilt als eines der besten Fischrestaurants von Durban, gute Cocktailauswahl, schöne Terrasse direkt am Yachthafen. **www.oflocal.co.za**

BATTLEFIELD ROUTE

Im Zululand wurde Geschichte geschrieben, davon zeugt noch heute die Battlefield Route, wo man einige der bedeutendsten historischen Schlachtfelder der Kämpfe zwischen Zulu, Briten und Buren besichtigen kann. Es lohnt sich, auch einen Abstecher nach Eshowe und Umgebung zu machen. Die älteste Stadt des Zululandes war britisch geprägt, sehenswert ist das Fort Nongqai, das ein Museum zur Geschichte der Zulus sowie Festungen, Gräber und Gedenktafeln, mit denen die Battlefield Route gesäumt ist, beherbergt.

SHAKALAND

Noch interessanter für Kinder dürfte allerdings das 14 Kilometer entfernte Zuludorf Shakaland sein, hier wurde der Film „Shaka Zulu" (1985) über den streitsüchtigen und stolzen König Shaka gedreht. 55 traditionelle Hütten, wo man auch übernachten kann, Veranstaltungsprogramm täglich ab 11 Uhr.

www.durban.co.za

DUNDEE UND UMGEBUNG

Dieses Dorf war 1899 ein wichtiger militärischer Stützpunkt für die Briten im Krieg mit den Buren. Das Talena Museum am Stadtrand von Dundee zeigt zu den Kriegen zwischen Briten und Zulu, Zulu und Buren sowie Briten und Buren geschichtsträchtige Hintergrundinformationen. Weiter geht es auf der R33 zum Blood River Monument, rund 50 Kilometer östlich von Dundee.

Die 64 Ochsenwagen in Form einer Wagenburg erinnern an die Schlacht vom 16. Dezember 1838. Unter dem Befehl von Andries Pretorius wurden 464 Voortrekker von 10 000 Zulu-Kriegern angegriffen, ein Drittel der Angreifer starb durch die Schusswaffen, sodass die Buren einen historisch bedeutenden Sieg davontrugen.

Gegenüber, im Ncome Museum, wird aus der Perspektive der Zulu-Krieger dokumentiert. So bekommt man zwei Sichtweisen auf die historischen Ereignisse von damals.

www.talana.co.za

ULUNDI & UMGEBUNG

Bis 1994 war Ulundi (22 000 Einwohner) die Hauptstadt des Homeland KwaZulu, heute ist es gemeinsam mit Pietermaritzburg Provinzhauptstadt. Das Parlamentsgebäude und der moderne Flughafen wirken in der weiten Landschaft irgendwie fehl am Platz.

Sehr beeindruckend aber ist das KwaZulu Cultural Museum in oNdini (8 Kilometer östlich) mit dem nachgebauten Kraal des Zulukönigs Cetshwayo.

www.talana.co.za

Durbans Strand ist immer einen Besuch wert

★ *Umfolozi*

Hluhluwe Umfolozi Game Reserve

Der älteste Wildpark in ganz Afrika hat den weltweit grössten Nashorn-Bestand. Es gibt fast 2000 Tiere auf nur 960 qkm, unter anderem die seltene Nyla-Antilope, die hier sogar noch öfters zu sichten ist als im Krüger Park. Allerdings wird allgemein ein leichtes Malaria-Risiko angegeben.

Ein altbewährter Safari-Trick ist es, immer an den Wasserlöchern nach Tieren Ausschau zu halten. Trinken müssen sie alle, wie auch hier an der Bekapanzi Wasserstelle, besonders schön ist es am Morgen oder in der Abenddämmerung mit traumhaften, für Afrika typischem Licht. Wir haben Glück und sehen viele Tiere: Giraffen, Elefanten und ein Nashorn-Weibchen mit einem Baby.

Hluhluwe ist eine echte Alternative für den überlaufenen Krüger National Park

SWEET DREAMS

$$$

Hilltop Camp

In der hügeligen, von Flüssen durchzogenen Landschaft gibt es eine schöne Unterkunft. Das Hilltop Camp ist mit seinen komfortablen, familienfreundlichen Chalets oder einfachen Rondavels für Selbstversorger und einem tollen Blick auf das Reservat auf jeden Fall an Familien weiterzuflüstern. Zudem gibt es in der interessanten Familiendestination ein ausgezeichnetes Restaurant mit einer Terrasse, die einen atemberaubendem Ausblick bietet, sodass es sich auch für einen Tagesausflug eignet. Ansonsten viele Aktivitäten für Kids wie Frühwanderungen, Nacht- und Bootsfahrten oder Ausritte.

www.torryshorseriding.co.za

www.knzwildlife.com

Protea Hotel by Mariott Umfolozi River

Ein sehr schönes, familienfreundliches Hotel mit gutem Service und Pro Kidz Label. 68 geräumige Zimmer, davon eine grosse Auswahl für Familien: Twin Chalet, Familiensuite mit zwei Schlafzimmern, Familienchalet. Die Family Executive Suite ist die schönste für Familien, mit zwei grossen, sehr geschmackvoll eingerichteten Schlafzimmern, einem gemütlichen Wohnzimmer mit TV, einer komplett eingerichteten Küche mit Kaffeestation. Die frische Milch im Kühlschrank, das appetitlich garnierte Obst sowie Chips und Süssigkeiten für die Kids lassen einen wie zuhause fühlen.

Hluhluwe ist der älteste Wildpark in ganz Afrika und hat den weltweit grössten Nashorn-Bestand.

Ausserdem hat diese Suite die beste Lage im Hotel, auf der Steintreppe geht man durch den wunderschönen, tropischen Garten hinunter zu dem gepflegten Aussenpool, der von Palmen umsäumt ist.

Es ist herrlich, hier auf den Sonnenliegen mit einem Buch zu relaxen und träge die grünen Papageien in den Bäumen zu beobachten, während die Kids im geschützten Kinderpool toben oder sich gegenseitig durch den Garten jagen, hier sind Kinder willkommen und sie dürfen auch mal ausgelassener sein. Bei Bedarf kann man sich an der Bar gegenüber ein Getränk holen oder vor dem Abendessen die letzten Sonnenstrahlen geniessen. Der aufmerksame Service und das gute Essen mit einer grossen Auswahl auch an Kindergerichten vervollständigen dieses wunderbare Familienhotel zum Weiterflüstern.

www.proteabymariottumfoloziriver.co.za

Geparde sind schön & schnell: bis zu 110 Kilometer pro Stunde

iSimangaliso Wetland Park

Der riesige Park (vormals Greater St. Lucia Wetland Park), der zum Unesco-Weltkulturerbe gehört, umfasst ein 280 Kilometer grosses Feuchtgebiet aus Strand und Sanddünen, das von St. Lucia bis fast an die Grenze von Mosambik reicht.
Er wird von Familien oft besucht, und dafür gibt es gute Gründe: Die Artenvielfalt ist beeindruckend. Im Meer findet man Delfine, Wale, Haie und die riesigen Karettschildkröten (loggerhead turtles) und Lederschildkröten (leatherback turtles), die im Sommer hier an den Strand kommen und ihre Eier ablegen. Zwischen Januar und März, nach 70 Tagen, schlüpfen die kleinen Schildkröten und flüchten dann in einem „Affenzahn" zurück ins schützende Wasser. Ein Naturschauspiel, das in der unberührten Einsamkeit von Kosi Bay stattfindet und das man sich keinesfalls entgehen lassen sollte. Um diese Zeit bieten alle Lodges auch preisgünstige Pakete für Schildkröten-Touren an. Oder man geht auf Safari, an Land leben Nashörner, Elefanten, Zebras, Gnus und Wasserböcke- und mit ein wenig Glück kann man auch Leoparden und Löwen sichten. Es gibt über 500 unterschiedliche Arten an Vögeln.

★ FAMILIENFLÜSTERN ★

Besonders schön und urwüchsig sind die Mangrovensümpfe und eine Flussfahrt auf den Seen, wo Krokodile, Flusspferde und Wasserbüffel leben. Die Santa Lucia Boat Tours sind die besten. Dreimal täglich legt die Santa Lucia am Mpate River in der Flussmündung von St. Lucia zu einer 1,5-stündigen Fahrt ab. Ein aufregendes Erlebnis für die ganze Familie, näher kann man diesen Tieren nicht kommen. Etwa 40 000 Flamingos und 3000 weisse Pelikane brüten hier.
Gefilmt und fotografiert werden darf auch vom oberen Deck des Bootes, die Dutzenden von Krokodilen und Flusspferden, die sich träge am Ufer sonnen oder im Wasser zu sehen sind, sind ein fotogenes Objekt, wenn sie das Maul weit aufreissen.
Aber Vorsicht: Im St. Lucia See sollte man Hippos besser nicht zu nahe kommen. „Hippos" zählen zu den gefährlichsten Tieren Afrikas, besonders dann, wenn sie sich und ihre Jungen bedroht fühlen.
www.knzwildlife.com

SWEET DREAMS

$$

Cape Vidal

ist ein Paradies für Angler, hier kann man sich in gemütliche Holzbungalows einquartieren.

www.kznwildlife.com

St. Lucia

liegt an der Mündung des St. Lucia-Sees mit Ferienhäusern, kleinen Hotels und guten Restaurants, die sich auf den beiden Hauptstrassen, der Mc Kenzie oder Flamingo Street, befinden. Das St. Lucia Crocodile Center beherbergt diverse Krokodilarten und erklärt das Verhalten der Echsen. Ein Wanderweg (ca. 1,5 Kilometer) führt durch einen Dünenwald entlang der Küste, im angrenzenden Tierpark gibt es Zebras, Impalas, Flusspferde etc. zu sehen.

www.santalucia.co.za

$$$$

African Ambience

schönes, familienfreundliches Guesthouse, umgeben vom einem ruhigen, tropischen Garten mit Khoi Teich und Wasserbrunnen, luxuriöse, grosse Zimmer mit Kaffeestation und gratis Getränken.
Für Familien ist die Suite mit Spa-Bath und Kühlschrank zu empfehlen.

www.africanambience.com

Afrikhaya

reetgedecktes Gästehaus in stilvoller afrikanischer, Atmosphäre mit klimatisierten Zimmern, die charmanten, niederländischen Gastgeber sorgen mit einem kristallklarem Pool und tropischen Fruchtcocktails für eine schöne Erfrischung an heissen Tagen. Trotz vier Sterne sehr preisgünstig.

www.afrikhaya.co.za

www.st.lucia.co.za

YUMMY

Afredo´s Restaurant & Amazulu Lodge

Welcome to Italy: Alfredo´s Restaurant ist ein Muss für Familien! Spezialisiert auf italienische, aber auch Continental Cuisine, probieren Sie die Spezialität des Hauses, Line Fish, die Speisekarte ist auch von kreolischen Einflüssen inspiriert. Durch Kerzen und Fackeln auf der Terrasse ergibt sich eine gemütliche Atmosphäre, und

schön ist auch die Bar gleich nebenan. Ein Insiderplace für die Italiener, Belgier und andere Europäer, die eigentlich nur ein Jahr in Afrika bleiben wollten und hier gestrandet sind.
Den guten Grappa und das Getratsche über die schlechte Politik in Afrika und die „Sorgen" der Weißen, die mit ihren Lodges ihren Lebensunterhalt verdienen müssen, sollte man sich einfach nicht entgehen lassen. Zudem ist es eine gute Gelegenheit, Leute kennenzulernen. Man kann auch bei Alfredo wohnen.
54 McKenzie Street: Tel: 035/590 11 50
www.amazululodge.co.za

★ FAMILIENFLÜSTERN ★

Sodwana Bay Lodge

Nur 22 Kilometer von St. Lucia entfernt liegt Sodwana Bay, ein Paradies für Taucher- und Familien: traumhafte Korallenriffe, unberührte Strände mit den WELTWEIT höchsten, natürlichen Dünen am Shazibe See, smaragdgrüne Hügel, Badewannen-warmes Wasser des Indischen Ozeans, Buckelwale (Juni bis November).
Komfortable, preisgünstige Chalets direkt am Strand, Anlage wunderschön, gibt viel für Kids: zwei Klettergerüste, Volleyball, zwei Pools, Spielzimmer, freundlicher Service & sehr gutes Essen, auch der gut funktion-ierende Taucherbetrieb hat eigentlich 5 Sterne verdient.
www.sodwanabaylodge.com

Im St. Lucia See sollte man „Hippos" besser nicht zu nahe kommen. Sie zählen zu den gefährlichsten Tieren Afrikas.

Happy Hippos in der Flussmündung von St. Lucia

Das Western Cape

★ Kapstadt

Attraktionen in Kapstadt

Lage, Lage und nochmal Lage langweilt der alte Maklerwitz. Kein Witz ist es, dass Kapstadt mit der einzigartigen Lage des Tafelbergs und den zwei Weltmeeren, dem angenehmen Mittelmeerklima und der weltoffenen Multikulti-Kultur als Kaufobjekt unbezahlbar wäre. Seit Jahren ist Südafrika Ziel für Investoren, Einwanderer und Urlauber, die aus unterschiedlichen Gründen hier eine Immobilie wollen. Die vibrierende Metropole gilt nicht nur als das Top-Ziel in Afrika, sondern ist auch regelmässig Spitzenreiter bei den Rankings der Top Ten der schönsten Städte weltweit.

Ihre Bewohner, die Capetonians, sind lebensfroh, lässig und cool. Europäische Chill-Out Stimmung paart sich hier ideal mit afrikanischem Zeitgefühl. Großer Vorteil: In Kapstadt gibt es trotzdem erstklassige Restaurants und hervorragende Unterkünfte mit viel kosmopolitischem Flair.

CAPE TOWN TOURISM

das Visitor Information Center bietet ausser touristischen Informationen ein Internetcafé, Souvenirshop und Restaurant an. Pinnacle Building (Ecke Castle & Burg Street) **www.gocapetown.co.za**

Die Top Lage vom Tafelberg & den beiden Ozeanen ist einfach unbezahlbar

CAPE TOWN PASS

Touristen-Pass für Ermässigungen von über 50 Attraktionen und vielen Specicals, Gültigkeit ein bis sechs Tage. Erhältlich in allen Touristenbüros. **www.thecapetownpass.co.za**

CITYSIGHTSEEING CAPE TOWN

Oben offener Doppeldecker Bus, grosse und kleine Stadtrundfahrten. Hop on Hop off, jeder Mitreisende kann an jeder Haltestelle aussteigen/einsteigen. Sehr professionelle Guides, komfortable Fahrzeuge. **www.city-sightseeing.com**

COMPANYS GARDEN

Der schönste Park der Stadt ist ein idealer Ausgangspunkt, um Kapstadt zu Fuss mit Kindern zu erkunden. Die Museumsmeile Government Avenue führt mitten durch den Park und ist von mächtigen, abends bunt beleuchteten Eichen gesäumt. Viele Überwachungskameras sorgen für Sicherheit auch noch während der Abendstunden. Schön für Kinder sind die zahmen Eichhörnchen, die sich gerne füttern lassen. Strassenhändler verkaufen Futter und das „Company´s Garden Restaurant“ bietet einen leichten Lunch an, wo man unter Bäumen nett sitzen kann.

Zahlreiche Museen säumen den Park wie die South African National Gallery mit der besten Kunstsammlung des Landes.

wwww.thecompanysgarden.co.za

Das Sea Point Pavillion ist das beste Freibad in Kapstadt mit Blick auf den Ozean

SOUTH AFRICAN MUSEUM

In der Nähe gibt es das South African Museum, das für Kids sehr interessant ist. Es gibt Dino Knochen, ausgestopfte Tiere und lebensgrosse Modelle der Buschmänner zu bestaunen.
Highlight ist die anschauliche Darstellung der Meeresbiologie, ein lebensgrosses Walskelett hängt an der Decke und durch das Zahngebiss eines weissen Hais kann man den Kopf für ein Souvenirphoto stecken. **www.iziko.org.za**

THE PLANETARIUM

Angeschlossen an das Museum ist ein Planetarium, das den Sternenhimmel der südlichen Hemisphäre zeigt. Die Twinkle Show ist ein spezielles Kinderprogramm (ab 5 Jahren), super schön und kindgerecht aufbereitet. **www.iziko.org.za/planetarium**

SIGNAL HILL

Seit dem 17. Jahrhundert wurden von hier aus ankommende Schiffe traditionell mit einem Kanonenschuss begrüsst. Täglich um 12.00 Uhr (ausser Sonntag) wird in einer Zeremonie der „Lion´s Battery" symbolisch eine Salve aus der Noon Gun abgefeuert. Ausserdem hat man einen herrlichen Ausblick auf den Hafen, den Tafelberg, Kapstadt und Umgebung.
Das finden Kids klasse: Das Stopfen der Kanone mit Pulver und der Countdown von Ten to Zero bis zum lauten Knall. Auf dem Gelände stehen ausgediente Flaggeschütze, die zum Klettern einladen.
wwww.signalhill.co.za

DAS TWO OCEAN AQUARIUM

ist mit seinen 300 Fischarten aus Atlantik und dem Indischen Ozean (gigantisch große Wasserbecken mit 10 Meter hohen Scheiben, Glastunnel mit Haien, Barrakudas, Rochen) eines der spektakulärsten auf der ganzen Welt und sehr spannend für Kids. Am Sonntag findet die Fütterung durch Taucher in dem Raubfischtank statt. Zudem gibt es ein Streichelbecken, in dem Kids Seesterne und Muscheln anfassen dürfen. **www.aquarium.co.za**

DAS BOO-KAAP

Die Minarette und pastellfarbenen Häuser sind ein Wahrzeichen von

Kapstadt und prägen das Bild im späten 18. Jahrhundert. Hier herrscht entspanntes Multikulti-Flair, viele Bewohner dieses Cape Malay Quarter sind muslimischen Glaubens. Die Kapmalayen sind Nachkommen jener Sklaven, die seit der zweiten Hälfte des 17.Jahrhunderts aus Asien kamen. **wwww.bokaap-capetown.co.za**

DIE VICTORIA UND ALFRED WATERFRONT

Mit über 25 Millionen Touristen ist die V&A die meist besuchteste Touristenattraktion in Südafrika. Ein buntes Treiben von Restaurants, Cafés, Live-Musik, Hotels, Museen.
Was den besonderen Charme dieses Ortes ausmacht ist die Tatsache, dass in diesem Mekka für Shopping, Wining & Dining immer noch Hafenbetrieb herrscht. Alte Fischerboote tuckern neben modernen Ausflugsbooten. Kinder lieben die Prozedur an der Zugbrücke des Clock Tower, die mehrmals am Tag hochgezogen wird, um die grossen Schiffe passieren zu lassen. Ebenso faszinierend sind die Feuerspucker, Gaukler, Dixie Bands, Jongleure und Strassenkünstler.

RED SHED CRAFT WORKSHOP

Neben dem Victoria-Wharf-Einkaufszentrum werden Glas, Holz, Keramik und Textilen vor den Augen der Kunden hergestellt. Auch das South African Maritime Museum mit einer immensen Sammlung von historischen Modellschiffen ist einen kurzen Besuch wert.
www.waterfront.co.za

Im Boo-Kaap herrscht entspanntes Multukulti-Flair, viele Bewohner dieses Cape Malay Viertels sind muslimischen Glaubens

ROBBEN ISLAND

Am Nelson Mandela Gateway geht jede Stunde eine Fähre auf die 11 km vorgelagerte Insel Robben Island, wo Südafrikas berühmtester, politischer Gefangener Nelson Mandela 18 Jahre lang inhaftiert war. Südafrikas Alcatraz, seit 1999 ein Weltkulturerbe, wurde bereits seit dem 17. Jhr. von den Holländern als Gefängnis genutzt. Heute führen indessen ehemalige Häftlinge und Wärter die organisierten Touren, die oft sehr überfüllt sind.

Wenn dann eher für grössere Kinder geeignet.

www.robben-island.org.za

TAFELBERG

In alle vier Himmelsrichtungen gibt es grandiose Aussichten, tolle Sonnenuntergänge. Circa 1500 verschiedene Pflanzenarten, mehr als in ganz Großbritannien, gedeihen hier einzigartig auf der Welt. Via Seilbahn erreicht man in fünf Minuten das 1086m hohe Wahrzeichen Kapstadts. Zu Fuß stehen über 300 Routen zur Auswahl. Folgende Sicherheitstipps sollten Sie als Familie unbedingt beachten.

Wandern Sie nicht alleine, möglichst mit einem ortskundigen Führer (über Cape Town Tourism zu buchen). Die Seilbahnfahrt hinauf zum Tafelberg begeistert eher grössere Kinder. Vielmehr sind es die Dassies (Klippenschliefer), die mit ihren Kletterkünsten die Kleinsten zum Kreischen bringen.

www.tablemountain.net

Kinder lieben die V&A Waterfront und ihr buntes Treiben, alte Fischerboote tuckern neben modernen Ausflugsbooten

KIRSTENBOSCH NATIONAL BOTANICAL GARDEN

Der gigantische botanische Garten, umringt von Fynos-Pflanzen, ist ideal für Picknicks und Erholung. Schöne Babywiese, wo man gut südafrikanische Mütter kennen lernen kann. Besonderes Highlight sind die Sunset Open-air Konzerte, die zwischen Dezember und Februar stattfinden, rechtzeitig Karten reservieren.

www.sanbi.org/gardens/kirstenbosch

CANAL WALK MTN SCIENCENTRE

Das Experimentier-Center ist etwas für einen Regentag. Tausende von Knöpfen sind zu drehen, eine Rakete, die zum Mond fliegt, Bälle, die sich im Luftstrom bewegen und Heißluftballons, die Kinder selbst steigen lassen können. Für Krabbelkinder gibt es eine Lego- und Bauecke, und das Café ist voller Väter, die hier mit Laptop ihren Papa-Nachmittag verbringen.

www.mtnsciencecentre.org.za

GRAND WEST CASINO AND ENTERTAINMENT

Der Freizeitpark bietet verschiedene Themenbereiche. Beliebt ist das Kunsteis-Stadium zum Schlittschuhlaufen. Schlittschuhe werden gegen Gebühr verliehen. Werfen Sie auch einmal einen Blick, oder trinken Sie einen Café in dem noblen The Grand Hotel im viktorianischen Stil, gleich nebenan.

www.grandwest.co.za

SCRATCH PATCH THE MAGIC OF MINERALS

Die Welt der Mineralien ist ein absolutes Highlight für kleine Entdecker. „Aladins Wunderhöhle" tauften unsere Jungs diese grandiose Grotte mit Bergen von angeschliffenen Halbedelsteinen aus dem Südlichen Afrika, die jedes Steinsammler-Kindherz höher schlagen lässt. Die schönsten Fundstücke darf man sich als bleibendes Souvenir in einer Tüte mit nach Hause nehmen.

wwww.scratchpatch.co.za

TOWNSHIP MUSIC TOURS KHULISA BY LENNOX T.

Wer sich einen unvergesslichen Einblick in das authentische Südafrika verschaffen möchte sollte sich einer organisierten Township Tour in Khayelitsha (Xhosa= Neue Heimat) anschließen. Mit dem charismatischen Musiker und Guide Lennox T. können sich Reisende gefahrlos ein realistisches Bild vom Leben in den schwarzen Stadtteilen machen. Und das ist längst nicht mehr nur ein Meer aus trostlosen Wellblechhütten. Überall wird gebaut und modernisiert. Highlights der Tour ist u.a. ein Besuch bei Khayelitshas berühmtesten Künstler „Golden", der aus alten Konservendosen Kunstblumen zurechtschneidert, die erfolgreich in die USA und Deutschland exportiert werden.

khulisatours@mweeb.co.za

★ FAMILIENFLÜSTERN ★

Mr Helmet

In alten Vintage Motorrädern aus dem 2. Weltkrieg geht es im Beiwagen zu den schönsten Aussichtspunkten von Kapstadt. Von zwei Stunden bis zur Tagestour wird alles angeboten, der Chauffeur fährt das Motorrad, selbst fahren nicht möglich.

Super spannendes Erlebnis, ein Must Do für alle Familien! Im Mr. Helmut Shop gibt es ausgefallene Helme zu kaufen.

www.sidecars.co.za

www.mrhelmet.co.za

SEA POINT

Grosse Tankerschiffe auf dem Ozean, junge Leute auf Rollerbladers, Jogger und Sonnenanbeter präsentieren sich fröhlich auf der Promenade. Auf der schönen Wiese warten dann schon ein Spielplatz und das „Eismännchen" mit dem klapprigen Fahrrad auf die Kinder. Derweil erholen sich die Eltern auf den Bänken mit Meerblick oder bewundern den Green Point Lighthouse Leuchtturm, den ältesten Südafrikas.

Oder man spaziert noch weiter. Der beste Abschnitt verläuft vom Rocklands Beach bis zum Sea Point Pavillion, wo sich das schönste Freibad von Kapstadt (drei Becken) befindet. Man liegt direkt am Meer und kann trotzdem sicher und im wärmeren Wasser schwimmen.

Beach Road Mouille Point – Green Point

Am Wochenende von 11.00 – 19.00 Uhr geöffnet.

www.kapstadt.de

SCHÖNER SHOPPEN

In den Curio-Läden wird viel Touri-Nepp angeboten, besser sind die Afrika-Geschäfte, die authentische Ware anbieten. Die Township Art (aus Draht gebastelte Dinge) sind außergewöhnliche Geschenke und garantieren den Künstlern einen Lebensunterhalt.

Die beliebtesten Einkaufszentren sind: Victoria Wharf an der Waterfront, Canal Walk, Somerset West Mall, Tygervalley Mall.

African Image: Preiswerte Körbe, Textilien, Nelson Mandela Produkte, Ecke Church und Burg St. Pan African Market: 76 Long St. Auf drei Stockwerken, traditionelle und moderne Kunst, Leder, Textilien.

Zeitungen: Deutschsprachige Zeitungen gibt es in „Naumanns Buchladen“, 91 Kloof Nek Road.

HOT SPOTS FÜR GOLFER-FAMILIEN

Die schönsten und bekanntesten Golfplätze befinden sich im Western Cape (George, Stellenbosch, Constancia Valley). Die Golfanlagen Mowbray und Milnerton mit dem Blick auf den Tafelberg sind das absolute Highlight für jeden Golfreisenden.

TIPP:

Auf den meisten Plätzen sind Stahl-Spikes verboten, auf Soft-Bikes umrüsten. Ansonsten ist der Zugang zu den Clubs easy und günstig (18-Loch-Greenfee ab ca. 30 Euro)
SAA befördert auf allen internationalen Flügen Golfgepäck bis maximal 15 Kilo kostenlos.
www.suedafrika-golf.de
Golfreisenveranstalter: www.afrikagolfreisen.de

Familienfreundliche Strände in und um Kapstadt

Die meisten der familienfreundlichen Strände befinden sich um Kapstadt, im Western Cape entlang der Garden Route und dem Eastern Cape.

Familien sollten beim Baden an Südafrikas Küste folgendes bedenken: Der kalte Benguela-Strom an der Westküste (Atlantik) sorgt selbst im Sommer dafür, dass die Wassertemperaturen Nordsee-Niveau kaum übersteigen. Die Strände am Indischen Ozean (etwa ab Gordons Bay) haben zumindest zwischen den Monaten November bis April auch für Kinder angenehme Temperaturen. Hits für Kids sind die Tidal Pools (Gezeitenpools). Das sind natürliche Becken unmittelbar an der Küste, die bei Ebbe das Wasser halten und dann im von der Sonne erwärmten Wasser zum Baden einladen.

Bloubergstrand

Liegt ca. 25 km nördlich von Kapstadt an der Table Bay und ist über die R27 und M14 zu erreichen. Wunderschöne Aussicht auf Kapstadt und den Tafelberg, eignet sich besonders für eindrucksvolle Fotos. In der Nähe liegt Milnerton mit einer Lagune, die sehr gut für Kinder zum Baden geeignet ist.

Camps Bay

Trendy und chic ist diese „Copacabana" von Kapstadt und trotzdem ein familienfreundlicher Strand, der von der Innenstadt mit dem Bus sehr gut erreichbar ist. Palmengesäumter Boulevard mit vielen Cafés & Restaurants und Geschäften.

An Kapstadts beliebtesten Familienstrand bekommt man wie überall im Land schnell Anschluss

Muizenberg
viele Kids und Schulklassen, Surfkurse auch für Kids, Hot Spot für alle Anfänger des Wellenreitens, da hier die Bedingungen ideal sind. Children´s Park - Muizenberg Beachfront Riesen-Wasserrutsche, Minigolf, Pool, Spielplatz, schöner Ausblick aufs Meer.

★ FAMILIENFLÜSTERN ★

Die St. James Tidal Pools in Muizenberg St. James hat eine eigene Eisenbahn-Haltestation und liegt zwischen Muizenberg und Kalk Bay. Das hübsche See-Örtchen, einst mondäner Badeort der Kapstädter Upper Class, hat auch heute noch viel Charme. Imposante Kapvillen reihen sich Hollywoodreif an den Hängen der Palmen gesäumten Straße. Geschützte Gezeitenpools, dahinter die gigantischen Wellen des Ozeans, die wie eine Schneelawine hoch aufwirbeln und dann tosend über den Felsen in sich zusammenstürzen. Ausgelassene Kinder einer südafrikanischen Schulklasse schälen sich aus ihren Uniformen und springen kreischend ins kalte Nass. Links weißer, schöner Sandstrand, Sonnenschirme, Stimmengewirr der verschiedenen Sprachen. Menschen aller Couleur und Nationalitäten vergnügen sich gleichermaßen an dem berühmtesten Relax- und Badestrand, der zum Spielen und Spaziergängen einlädt. Rechts erblickt man die bekannten, bunten Strandhäuser.
Diese Holzkabinen, auch „Edwardian Beach Houses“ genannt, dienen als Umkleidekabine und auch zum Aufbewahren von z. B. Surfbrettern. Leider werden sie nur saisonweise vermietet. Grazien mit Wespentaillen posieren vor dem pittoresken Motiv, Geschäftsleute, die Hosenbeine hochgekrempelt, nutzen ihre Mittagspause zum Entspannen, eine Großmutter wiegt glücklich ihr frisch geborenes Enkelkind. An Kapstadts beliebtesten Familienstrand bekommt man wie überall im Land schnell Anschluss zu anderen Familien. Léon baut gemeinsam mit Rosie, einem südafrikanischen Kind, eine Sandburg, Hand in Hand arbeiten sie konzentriert an ihrem Bauwerk, von Sprachproblemen keine Spur.
Zum Lunch:
Am Bahnhofsshop gibt's Snacks und Getränke, zu empfehlen sind die leckeren Gemüse- und Fleisch Samosas, gefüllte Teigtaschen.
www.tourismcapetown.co.za

Fish Hoek und Kalk Bay

Diese Strände sind besonders zum Surfen geeignet, aber dank der geschützten Tidal-Pools auch bei Familien mit Kindern sehr beliebt. Sie eignen sich hervorragend für schöne Spaziergänge entlang der Felsen gesäumten Küste. Direkt in Strandnähe befinden sich auch mehrere familienfreundlichen Bayside Seafood Restaurants.

Bikini Beach / Gordon's Bay

Windgeschützt durch die Hottentots Holland Mountains ist dieser saubere Strand sehr beliebt bei Familien. Life Guard protected. Die verschiedenen Farbspiele des Meeres sind dort besonders faszinierend.

Boulders Beach / Simonstown

Angeblich handelt es sich um den windgeschütztesten Strand am Kap. Am „Simon´s Town" können Familien auf jeden Fall spielend einen ganzen Tag verbringen, zumal das Wasser zwischen den riesigen Felsen oft angenehme Temperaturen erreicht. Und gleichzeitig dabei die Pinguine beobachten, die zwischen sonnenbadenden Touristen und futtersuchenden Möwen umherwatscheln, am Strand schwimmen oder auf dem Felsen sitzen.

Llandudno

Sicherer Strand zwischen Hout Bay und Camps Bay/Clifton. Populär bei Surfern und Familien.

Ideal auch für ein Picknick bei Sonnenuntergang.

Trendy & Chic: Muizenberg Beachfront ist der Hot Spot für Surfer

Die bekannten, bunten Strandhäuser, „Edwardian Beach Houses"

Cape Town & Co: Ausflugsziele um Kapstadt

Einige Haupt-Attraktionen Südafrikas liegen im Western Cape: Waterfront, Tafelberg, Kirstenbosch, Weinroute, Cape Point.

★ FAMILIENFLÜSTERN ★

Circa eine Woche ist einzuplanen, um die wichtigsten touristischen Highlights und die schönsten Ausflugsziele in der Umgebung zu sehen. Weniger ist mehr!
Bei Ausflügen gilt die gleiche Regel wie bei dem Gepäck: Mit kleinen Kindern unterwegs zu sein heißt, das Besichtigungstempo zu drosseln und die Tagesplanung flexibel zu gestalten. Falls Ausflugsziele mit Übernachtungen geplant sind, möglichst zwei bis drei Tage an einem Ort bleiben.

ANIMAL ZONE

Freizeit-Farm mit vielen Tieren (Schlangen, Affen, etc.), Streichelzoo, Pferdereiten, Spielplatz und Veranstaltungen. Möglichkeiten zum Essen und Übernachten sind ebenfalls vorhanden.
www.animalzone.co.za

BUTTERFLY WORLD

Schmetterlinge in allen Farben von drei Kontinenten in Klapmuts.
www.butterflyworld.co.za

CAPE POINT

An der Spitze der Kap-Halbinsel, 60 Kilometer südwestlich von Kapstadt, mit vielfältiger Flora und Fauna, 250 Vogelarten, Paradies für Naturliebhaber und Familien.
www.capepoint.co.za

DRAKENSTEIN LION PARK

Der Park in Klapmuts ist kein Zoo, denn in dem großzügig angelegten Gehege lebt ein Löwenrudel, in einer relativ natürlichen Umgebung. Ein etwa 200 Meter langer Laufsteg führt in etwa vier Meter Höhe über das Gelände, von diesem können Sie und Ihre Kinder die Großkatzen bestens beobachten. Für Kinder ist der Besuch im Park ein netter Einstieg in das Wildlife von Africa. Allerdings befinden sich die Tiere hinter Zäunen, sodass sie mit dem besonderen Erlebnis der

frei lebenden Tiere in den Nationalparks und Wildreservaten nicht mithalten können.
www.lionrescue.org.za

ATKV GOUDINI SPA & HOLIDAY RESORT

Heil- und Thermalbad am Bergrücken der Boland Mountains, circa anderthalb Stunden von Kapstadt entfernt, mit Caravan Park, Rondawels & Chalets, Spielplatz, Wasserrutsche, Barbequeplätzen. Ist kein typischer Touristenplatz für Europäer, sondern wird hauptsächlich von südafrikanischen Familien genutzt. Besonders an den Wochenenden und Feiertagen ist es sehr voll. Unbedingt im voraus Reservieren, da keine Tagesbesucher zugelassen werden.
www.atkv.org.za

DER BOULDERS CAPE PENINSULA NATIONAL PARK

Simon´s Town war früher der wichtigste Marinestützpunkt Südafrikas und ist heute durch seine Pinguin Kolonie eine Touristenattraktion. Die putzigen kleinen Kerle (African jackass) sind bei Kindern sehr beliebt, und man kann sie von einem Holzsteg entlang der Küste sehr gut beobachten.
"Beißen die?" erkundigten sich unsere Kinder und musterten zunächst kritisch diese lustigen Vögel im Frack, die einen in ihrem urkomischen „Charly Chaplin"- Gang bereits am Parkplatz begrüßen. Grundsätzlich nicht, so berichtete uns der Pinguin Experte van der Merwe, aber bei brütenden Tieren sollte man den angemessenen

Einen Ausflug zur Spitze der Kap-Halbinsel finden Kids spitze

Mit Geparden auf Tuchfühlung

Abstand halten. Die Tiere watscheln im Trott von ihren Nestern auf ständiger Nahrungssuche wieder zurück zum Ozean und stoßen dabei Schreie aus, die dem Gebrüll von Eseln ähneln. In den Wellen surfen die Vögel, indem sie ihre Flügel wie Paddel benutzen. Das Boulders Beach Lodge & Restaurant gleich nebenan ist zu empfehlen. Gemütliches Ambiente, hervorragendes Essen mit Blick auf die Pinguine. Mitte September findet alljährlich in Simonstown ganz nah der berühmten Brillenpinguin- Kolonie am Boulders Beach das Pinguin-Festival statt.

www.cpnp.co.za

www.bouldersbeach.co.za

WWW.BOULDERSBEACH.CO.ZA

Eine weitere Pinguin Kolonie findet man auf dem Weg Richtung Hermanus entlang der Küstenstrasse in Betty's Bay.

Clara Anna Fontein

Private Game Reserve and Country Lodge

Wunderschönes kleines Wildreservat in unmittelbarer Nähe von Kapstadt, bietet viele Aktivitäten mit kulinarischen Highlights (auch unter freiem Himmel). Zu sehen gibt es Zebras, viele Antilopenarten, Springböcke, Strauße, Wildkatzen und Füchse. Übernachten kann man im so genannten Safari Tented Camp oder in Cottages.

www.campsafrica.com

In den fruchtbaren Tälern des Berg-, Eerste- und Bree-Flusses gedeihen Weinreben besonders gut

DIE WEINROUTE

Südafrikas Winzer verwöhnen den Gaumenfreudigen mit charmanten Gästehäusern, hervorragenden Weinen und einer erstklassigen Küche. Neben der Möglichkeit, die Weine zu verkosten, kann man oft auch im winzereigenen Restaurant sehr gut essen. Nehmen Sie sich die Zeit dafür, den Ausflug zu den Weingütern werden Sie nicht bereuen, da diese auch sehr kinderfreundlich sind.

Constantia Valley

Der Villenvorort inmitten herrlicher Weingüter und exklusiven Restaurants ist so berühmt wie Beverley Hills in den USA.

Groot Constantia

Das 1685 gegründete Gut bietet Verkostungen, Kellertouren, ein Museum, sowie das hervorragende Restaurant Simon´s. Der beste Süßwein kommt aus Klein Constantia.

$$$$

www.grootconstantia.co.za

www.kleinconstantia.com

Franschhoek

Vor 300 Jahren von den französischen Hugonotten gegründet, ist der schönste und geschäftigste Weinort Südafrikas Treffpunkt für Feinschmecker am Kap.

La Petite Ferme

innovative Kapküche,luxuriöse Unterkunft, Spitzenweine.

$$$$

www.lapetiteferme.co.za

Chamonix

Schöne Cottages für Selbstversorger direkt am See, mit Grillplatz und Kamin, allerdings nimmt der ganze Stolz des Hauses, die „Marco Polo Lodge“ Kids erst ab 12 Jahren.

www.chamonix.co.za

Stellenbosch

Die zweitälteste Stadt Südafrikas ist Sitz der berühmten Stellenbosch Universität. Die herrlich kapholländischen Häuser, gesäumt von alten Eichen und vielen Cafés und Läden, strahlen eine tolle Atmosphäre aus, von der sich auch Familien gerne begeistern lassen, ebenso wie von dem Botanischen Garten, der älteste in Südafrika. Leider ist die Stadt tagsüber sehr überlaufen. Mit kleinen Kindern ist daher zu empfehlen, Stellenbosch am frühen Vormittag, wenn noch keine

Touristen aus Kapstadt da sind, zu besichtigen.
Stellenbosch ist aber auch das Zentrum eines der besten Weinorte am Kap. Es bietet sich ein kleiner Abstecher zu den berühmtesten Weingütern der Umgebung an. Hier, in den fruchtbaren Tälern des Berg-, Eerste- und Bree-Flusses, gedeihen Weinreben besonders gut. Die Weingüter sind oft im kapholländischen Stil erbaut und liegen idyllisch zwischen weiten Weinfeldern und den Drakensteinbergen.

www.stellenboschtourism.co.za

Spier Estate

Im Spier Resort können Sie Weinproben und gleichzeitig Konzerte genießen. Im Dezember/ Januar gibt es eine Art Festival mit vielen Musikveranstaltungen und einem bunten Kinderprogramm von 9.00 bis 17.00 Uhr; (Schwimmkurse, Schnitzeljagd, Ponyreiten, Trauben trampeln) und vor allem mit Umweltschutzaktionen, der ja generell in Südafrika bei der Erziehung der Kinder einen großen Stellenwert einnimmt. Das großzügige Gelände eignet sich hervorragend für Familien. Die Anlage bietet zur Erholung viele Freizeitangebote, wie zum Beispiel einen großen Spielplatz mit Klettergerüst, Rutschen, Schaukeln und Trampolin.

Europäische Chill-Out Stimmung paart sich in Kapstadt ideal mit afrikanischem Zeitgefühl.

Neben vielen Übernachtungsgästen hat Spier auch viele Tagesbesucher und ist somit Treffpunkt für viele südafrikanische Familien, die das gut organisierte Gelände mit mehreren Restaurants, Shops, Teichen und Picknick Areal nutzen. Aber auch bei Regenwetter haben wir dort schöne Stunden verbracht, wie in dem Restaurant „Jonkershuis", wo ein farbenfrohes Buffet mit kapmalaiischen Spezialitäten viele Eltern mit Kindern anzieht. Zudem gibt es zwei Indoo-Spielplätze und ein Kinderclub-Haus, eine Sedgway Tour (ab 12), acht Restaurants und ein Deli to Go, wo sich Familien ein eigenes Picknick aus einer grossen Auswahl an Aufschnitt, Pasteten, Brot, Dips und einer Flasche Wein zusammenstellen können. Besonderen Spass macht es, an einem „lazy Sunday" bei Live Konzerten seinen Sonntagsbraten zu geniessen.

Eagle Encounters

Aufzucht- und Auswilderungszentrum für Raubvögel.

Altantic Rail

Dampfzug Tagesausflug mit einer alten Dampflok nach Spier, inklusive Weinprobe, Mittagessen und Eagle Eincounter.
Abfahrt Kapstadt 9.30, 16.50 Rückfahrt.

www.spier.co.za

www.atlanticrail.co.za

CHEETAH OUTREACH

Geparden zum Streicheln! Besonders begehrt bei Kindern ist die Geparden-Farm, wo sich Gäste mit den Großkatzen fotografieren lassen können, seit neuestem bei Sommerset West. Die Cheetahs sind vom Aussterben bedroht, ihr Bestand ist drastisch zurückgegangen. Schuld daran sind die Farmer, die die Geparden, die ihr Vieh reißen, kurzerhand erschießen. Wenn Cheetahs einmal an eine Farm oder ein Haus gewöhnt sind, lassen sie sich nur schwer verjagen. Deshalb versuchen die Tierschützer mit dem „Cheetah Outreach Programm" die Tiere zu schützen, indem sie die Geparde mit Hunden von den Farmen vertreiben oder sie den Farmbesitzern abkaufen.

www.cheetah.co.za

Kutschenfahrten auf dem Weingut Blaauwklippen

Als sehr familienfreundlich können wir Ihnen noch Blaauwklippen empfehlen. Das 300 Jahre alte Weingut mit den schönen, historischen Cape-Dutch-Gebäuden, Museum und Farmshop verfügt über ein großzügiges Gelände mit Spielplatz zum Toben und einer herrlichen Aussicht auf die Helderberge. Der Hit für die Kids sind die Kutschfahrten durch die Weinberge, die nur bei trockenem Wetter stattfinden. (Sonntag um 12.00 und 14.30 Uhr von Oktober bis April). Und die Sonntage, wo regelmässig ein „Family Markt" stattfindet, unter dem Motto „Bring the family, even the family dog!" (Bringen Sie Ihre Familie mit, auch den Familienhund.) Und was würden Sie zu einem Lunch, verbunden mit einer kleinen Weinprobe in dem sehr guten Restaurant sagen? Ein toller Service, der auch viel von südafrikanischen Familien genutzt wird, deshalb unbedingt reservieren. Das Weingut liegt circa acht Kilometer ausserhalb von Stellenbosch an der R44 zwischen Stellenbosch und Somerset West.

www.blaauwklippen.co.za

SWEET DREAMS

Spier Resort / The Village /

Es ist auch nett, in Stellenbosch zu übernachten. Familien wohnen im "The Village", der wie ein Dorf angelegten Hotelanlage. Kinder finden die Golf Cars toll, die einen samt Gepäck auf dem riesigen Areal hin- und herkutschieren. Das hoteleigene Restaurant tischt auch Sonderwünsche, wie z.B. Kartoffelsuppe, für die kleinen Gourmets auf und für die Eltern gibt es südafrikanische Spezialitäten.

www.spier.co.za

YUMMY

Stark-Condé

Jonkerhoek Road, liegt total idyllisch, wunderschöner Ort zum Verweilen, gutes Frühstück, Lunch oder Dinner, gibt auch Weinproben.

www.starkcondé.co-za

Schoon de Companje

Ecke Bird & Church Street

In dieser Ecke gibt es etliche nette Cafés und Restaurants wie das Schoon de Companje, lockere, lebendige Atmosphäre, viele Studenten und Familien mit Babies und kleinen Kindern und eine grosse Auswahl an Brotsorten.

www.decompanje.co.za

Wenn Cheetahs einmal an eine Farm oder ein Haus gewöhnt sind, lassen sie sich nur schwer verjagen.

Die Vororte Kapstadts

Obwohl es in Kapstadt eine große Anzahl schöner Hotels gibt, können Familien mit Kindern auch außerhalb der Großstadt gut und günstig wohnen. Besonders bei einem längeren Aufenthalt würden wir, aus eigener Erfahrung, lieber diese Variante empfehlen. Die geräumigen und meist günstigeren Apartments oder Häuser haben oft einen direkten Beach Access (Strandzugang), das heißt die Kleinen haben genügend Auslauf am Strand, ohne eine gefährliche Straße dazwischen. Und wer Sehnsucht nach Kapstadts kosmopolitischem Flair hat: Die Innenstadt ist mit dem Auto in circa 30 Minuten von überall aus zu erreichen.

Und wo? Anbieten würden sich die Südlichen Vororte Camps Bay und Clifton sowie die kilometerlangen Strände in Hout Bay und Noordhoek . Oder die an der False Bay gelegenen Seeorte Strand und Gordons Bay mit dem wärmeren Indischen Ozean.

GORDONS BAY

Dieses hübsche Hafenstädtchen können wir aus eigener Erfahrung sehr für Familien empfehlen. Tiefblaues Wasser und ein malerischer Yachthafen, Fynbos Sträucher wie die mediterrane Macchia, und die gewaltige Bergkette der Hottentots Holland Mountains im Hintergrund- das Postenkartenmotiv ist perfekt.

Sichere Strände, Robben- und zwischen August und Oktober Wale in Küstennähe, sowie viele Wassersportmöglichkeiten wie Wasserski oder Kanufahrten, machen Gordons Bay zum idealen Strand-Fami-

Ein traumhafter Blick an der Küstenstrasse bei Gordons Bay

Logenplatz am Meer: Die Blue Whale Lodge grenzt an ein Naturschutzgebiet & ist ein Outdoor-Paradies für Familien lienziel. Ein Fußpfad verbindet den gut geschützten Bikini Beach mit dem Main Beach.

Gordon's Bay Fun Park

Freizeitpark am Strand. Mit Go-Karts, Minigolf, Swimming-Pool, Wasserrutsche, Trampolin, wird viel von Einheimischen genutzt.

henny7@mweb.co.za

SWEET DREAMS

By Die See

schönes Beachhouse mit direktem Strandzugang, man braucht nur eine Treppe herunterzugehen, im obersten Stockwerk befinden sich zwei Schlafzimmer mit traumhaften Blick aufs Meer, oft gibt es Wale, Delfine und Robben beim Frühstück zu sehen. Die sehr netten, gastfreundschaftlichen Besitzer Rita und Francois Du Toit wohnen nebenan und laden oft zum (Braai) Grillen ein.

www.capeholidays.org.za, www.gordonsbay.co.za

YUMMY

Beach Road

An der Beach Road gibt es eine Reihe sehr schöner, familienfreundlicher Cafés, Restaurants, Souvenirshops.

Old Cape Restaurant & Coffee Shop

Hier gibt es auch das beste italienische Eis. Old Cape Mall, Beach Road.

www.gordonsbay.co.za

Dünen zum Träumen an der Kommetjie Bay

The Harbour Lights Seafood Grill

Romantische Lage mit Blick auf den malerischen Hafen, gute Meeresfrüchte-Auswahl, Kindermenüs.

www.gordonsbay.co.za

Trawlers Seafood

am Yachthafen, ist sehr empfehlenswert für frische Meeresfrüchte.

www.tripadvisor.co.za

★ FAMILIENFLÜSTERN ★

Sunset Bay Spur

Eltern speisen genüsslich, denn die Kinder sind sofort ins Spielcenter verschwunden, Kleinere malen am Tisch. Das Restaurant verfügt über einen Außen- und Innenbereich und liegt direkt am Strand. Gönnen Sie sich einen Sundowner auf Spurs Veranda, von dort aus lässt sich zum Sonnenuntergang relaxt die schöne Promenade beobachten: Möwen kreischen, Segelboote, wie auf einer Perlenkette aufgereiht, buhlen im goldenen Licht um die Gunst der Fotografen, flanierende Pärchen, flinke Biker, knatternde Harleys, elegante Sportwagen, am Strand tollende Kinder und Hunde und die letzten Badegäste, die sich den Sand abbrausen.

www.spur.co.za

Von der kurvenreichen Küstenstraße, die aus Gordons Bay hinausführt in Richtung Pringle Bay, Bettys Bay, Kleinmond und weitere windgeschützte Küstenorte an der False Bay, fällt der Blick immer wieder nach rechts auf schroffe Felsen und den tobenden Ozean.
Auf der Nationalstrasse N2 geht es dann weiter nach Strand und weiteren beliebten Badeorten.

SOMERSET WEST SHOPPING MALL

Nicht nur für Beach-aholics, auch für Shop-aholics ist die Somerset Mall der ideale Platz. Es gibt auch eine Reihe Kindergeschäfte mit Markenprodukten, die hier viel billiger sind als in Europa. Die Anzahl der kinderfreundlichen Restaurants ist so groß, dass man hier ein ganzes Rugby-Team verköstigen könnte.

JIMMY JUNGLES -INDOOR ADVENTURE PLAYGROUND

Professionelle Kinderbetreuung mit Restaurant in der Somerset West

Shopping Mall.

www.jimmyjungles.co.za

Kurz hinter Somerset West, liegt an der N2 Monkey Town.

MONKEY TOWN

Die „Affenstadt" ist eine nette, kleine Attraktion. Die 230 Tiere, 25 verschiedene Primatenarten aus Afrika und Asien, bieten Spaß für die ganze Familie. Mit einigen zahmen Affen kann man sogar (unter Aufsicht) spielen. Verschiedene weitere Aktivitäten: Spielplatz, Hüpfburg, Trampolin, Quad-Bike, Restaurant, Braai-Picnic Area. Allerdings mit circa zehn Euro pro Erwachsenem (Kinder frei) verhältnismäßig teuer und mit den frei lebenden Affen in Monkeyland (Garden Route) qualitätsmäßig nicht zu vergleichen.

www.monkeys.co.za

HELDERBERG NATURE RESERVE

Für Naturliebhaber könnte das Naturschutzgebiet am Südosthang des Helderbergs (1.138 m) der nächste Stopp sein. Packen Sie einen Picknickkorb ein und relaxen Sie auf den grünen Wiesen unter den alten Eichenbäumen, während die Kinder die kleinen Flüsse entdecken, begleitet von Bonteboks und großen Schildkröten.

HELDERBERG FARM

Am Fuße des Helderbergs befindet sich dieses wunderschön gelegene Café und Restaurant mit kleinem Garten, Spielplatz und Streichelwiese. „Granny`s Forest" ist ein leichter Wanderweg für Jung und Alt, entlang exotischer Bäume, Bambuswäldchen, Bächen und Riesenfarnen.

www.helderbergfarm.co.za

HOUT BAY

Ein weiteres schönes Ausflugsziel ist Hout Bay und Umgebung. Hout Bay ist einer dieser Plätze, der ideal für Familien ist. Der kleine Fischerei- und Touristenort, der malerisch an der gleichnamigen Bucht liegt, ist ein beliebtes Wochenendziel für Südafrikaner und Touristen aus Übersee. Für Vogelliebhaber gibt es den größten Vogelpark Südafrikas, die World of Birds, zu besuchen. Fährt man weiter in Richtung Hafen kommt man zu den Mariner`s Wharf, wo sich Restaurants, Souvenirshops und Fischgeschäfte befinden. Stündlich gehen Bootsfahrten zu der Seehundkolonie Duiker Island, Wanderfreunde können den schönen Wanderweg nahe dem Meer, zwischen Hout Bay und Llandudno, entlanglaufen. Oder man verbringt als Familie einen Tag an den herrlichen Stränden, die mit dem ruhigen und flachen Strand auch für Kleinkinder ideal sind, und lässt bei einem Abendessen im legendären Dunes den Tag ausklingen.

SWEET DREAMS

African Family Farm

diese sehr familienfreundliche Unterkunft in Hout Bay, 20 Minuten von Kapstadt und allen Sehenswürdigkeiten im Western Cape entfernt, ist ein Geheimtipp für Eltern mit Babies und kleinen Kindern. Die charmanten und sehr gastfreundlichen deutschen Besitzer Sabine und Stefan haben sich speziell auf diese Kleinkind-Nische konzentriert. In ihren drei komfortablen Cottages im afrikanischen Stil gibt es in jedem Haus ein Elternschlafzimmer, Wohnzimmer mit Küchenzeile, Bad mit Dusche, zwei Waschbecken, Toilette und eine Aussenterrasse mit Blick auf den Swimmingpool, der in ein Babypool übergeht. Schaukel, Sandkasten, Trampolin, Grill, Hüpfburg, Kinderhaus, Kletterbaum und zahlreiche Tiere (Minipferde, Ziegen, Schweine, Hunde, Pfau, Katzen, Kaninchen), mit denen die Kids „knuddeln" können. Ideal auch für einen Langzeitaufenthalt oder über Weihnachten, es werden für jede Familie Plätzchen gebacken.

www.african-family-farm.com

YUMMY

Dunes Beach Bar und Restaurant

Dieser einmalig gelegene Sandstrand von Hout Bay scheint Familien genauso magisch anzuziehen wie die Budweiser Flagge die Väter.
Herrlich, hier beim Sonnenuntergang bei einem Drink im Freien auf der Terrasse zu sitzen und den wunderbaren Blick auf das Meer und die Berge zu genießen. Die Kinder können sich auf dem tollen Spielplatz austoben und anschließend ein Kindermenü vor der Heimfahrt verzehren. Am Ende des Parkplatzes am Strand,1 Beach Crescent Road.

www.dunesrestaurant.co.za

DER CHAPMAN'S PEAK DRIVE

Die spektakuläre Steilküsten-Straße, der man nun folgt und die sich bis zu 160 m über dem Meer an der Küste zwischen Hout Bay und Noordhoek entlang windet, zählt zu den schönsten Routen weltweit. Kleine Kinder dabei? Na dann schöne Aussichten, denn das südafrikanische Meisterwerk der Straßenbauer wird Ihren Kindern wie alle Sehenswürdigkeiten wahrscheinlich ziemlich schnuppe sein. Abhilfe schaffen da die großzügigen Haltebuchten mit ihren grandiosen Aussichten, die zum Familien-Souvenirphoto einladen. Und welches Kind entdeckt als erstes den berühmten Bronze-Leoparden von Ivan Mitford Barberton? Am Ende des Drives thront er majestätisch auf einem Felsen und erinnert noch heute daran, dass einst in der bezaubernden Bucht von Hout Bay Leoparden brüllten.
Von dort aus erreicht man Noordhoek.

NOORDHOEK

Die schöne Strandlagune von Noordhoek ist mit über sieben Kilometern der längste Strandabschnitt am Atlantik südlich der Innenstadt. Der Long Beach gilt heute als der beste Surfstrand der Kaphalbinsel und ist auch ideal für lange Spaziergänge und Strandausritte.Vom Schwimmen würden wir wegen den starken Strömungen an diesem Abschnitt aber eher abraten. Dann lieber einen Besuch der:

FARM VILLAGE

Familienfreundliche Farm mit vielen Aktivitäten (Craft & Market Shops, Spielplatz, Restaurant) auf dem Weg zum spektakulären Chapman's Peak Drive entlang der Steilküste.
www.noordhoekvillage.co.za

GARDEN EMPORIUM

Netter Zwischenstopp, nur einige Minuten vom Farm Village entfernt. Eine Mischung aus Gärtnerei, Baumschule und großzügiger Gartenanlage. Das Baumhaus ist eher für größere Kinder geeignet. Für die Kleineren gibt es einen Streichelzoo und Spielplatz, für Eltern Café und Restaurant.
www.nordhoekgardenemporium.co.za

KOMMETJIE

Imhoff Farm

Diese Erlebnisfarm für die ganze Familie besticht durch seine entspannte, friedliche Atmosphäre, den der Pflasterhof mit den kleinen Lädchen und Cafés ausstrahlt. Angrenzender Farmyard mit Streichelzoo (Hühnern, Enten, Schafen, Ziegen). Ebenso spannend ist die Schlangen- und Reptilienfarm, wo es Kobras, Krokodile und Komodowarane zu bewundern gibt. Mutige Kids lassen sich sogar eine Schlange um den Hals legen und ein Chamäleon auf die Hand setzen. Nebenan in der Werkstatt wird Township Art hergestellt. Bereits kleine Kinder beobachten fasziniert die flinken Hände der Künstler, die wunderschöne Dinge, wie z.B. Kronleuchter, aus Recycling-Müll zaubern können.

CHILL OUT MIT OCEAN VIEW

Gönnen Sie sich danach in dem Restaurant „The Blue Water Café" einen leichten Lunch. Genießen Sie bei einem Glas gekühltem Wein unter schattigen Bäumen den atemberaubenden Blick auf den Atlantik, Hout Bay und die Kommetjie Berge, grüne Wiesen, auf denen friedlich Pferde grasen, weiße Sandstrände. Das Rauschen des Ozeans mischt sich mit dem Gackern der Hühner und dem Gelächter der Kids, die sich auf dem Spielplatz austoben können, bis das sehr gute Essen (zu empfehlen sind die Tramenzzini, Salate und die Biltong-Pizza) das Übrige zum totalen Eltern-Chill-Out tun. Nach dieser Stärkung könnte ein Kamelritt den ganztägigen Familienausflug abrunden. Ein tolles Erlebnis selbst für die Kleinsten, die einfach auf den Schoß der Eltern genommen werden, wenn sich die schaukelnden Wüstenschiffe mit Gebrüll erheben und ihre Runde rund ums Gelände drehen. Es gibt einen Kamelritt zum Strand, der 40 Minuten dauert und somit für Familien mit älteren Kindern geeignet ist.

www.imhofffarm.co.za

SWEET DREAMS

★ FAMILIENFLÜSTERN ★

$$$

Blue Whale Lodge

Diese Oase am Atlantischen Ozean grenzt an ein Naturschutzgebiet und an den Long Beach, ein Paradies für Surfer, Powerkiten, Reiten, Strandspaziergänge. Alle Sehenswürdigkeiten von Kapstadt sind in 40 Minuten zu erreichen. Umgeben von der malerischen Kulisse weisser Dünen und dem direktem Blick auf den berühmten Chapman´s Peak wissen die Familien, die jedes Jahr wiederkommen, diesen Logenplatz am Meer sehr zu schätzen: Das 145 Quadratmeter grosse Haus beherbergt sechs Personen und verfügt insgesamt über drei Schlafzimmer und drei Bäder.

Ein Kamin sorgt für Gemütlichkeit und die herrliche Terrasse mit Blick auf den Sonnenuntergang und die in der Brandung spielenden Delfine und Wale sind für alle ein unvergessliches Erlebnis, wie auch die Robben, die manchmal zu „Besuch" an den Strand kommen. Ein weiterer Vorteil ist die durch Security gesicherte Anlage, die an einer Pforte kontrolliert wird, so dass man grössere Kinder ruhig mal eine Stunde alleine lassen kann.

Die Gastfreundschaft und Herzlichkeit der Besitzer Dieter und Mieke Mielke ist einmalig, zur Begrüssung gibt es für jede Familie erst mal eine selbstgekochte Suppe und ein Tischgebet.

www.bluewhaleway.co.za

YUMMY

Fisherman´s Restaurant

grossartige Atmosphäre, gute Live-Musik, netter Service und die Qualität des Essens ist ausgezeichnet. Probieren Sie die Scampis, die sind reichlich und "lekker" und für die Kids gibt es Fish & Chips oder Pizza, perfekt aus dem Holzofen zubereitet. Tische drinnen und draussen, Spielbereich. Das Preisleistungsverhältnis ist auch sehr gut, sodass wir dieses familienfreundliche Restaurant sehr empfehlen können.

www.dining-out.co.za

SWEET DREAMS

Von der familiären Gästefarm bis zum Luxushotel: Entsprechend der Reisekasse bietet sich dem Besucher eine vielfältige Palette zwischen preiswerten und exklusiven Unterkünften. Viele Hotels geben sich mit Babysitterservice, Spielzonen, Kinderanimation, Kindermenüs und weiteren Überraschungen wie Welcome Pakete mit Rucksäcken und Spielzeug ganzjährig grosse Mühe, dass auch Mini-Urlauber nicht zu kurz kommen.

Spielzonen, Kinderanimation & Kindermenüs sorgen dafür, dass auch Mini-Urlauber nicht zu kurz kommen.

$$$$$

12 Apostels Hotel and Spa

Once-in-a-lifetime in der Oase in Camps Bay zu übernachten, wer träumt nicht davon? Denn das preisgekrönte Hotel mit einem sagenhaft schönen Spabereich liegt in den Ausläufern der Twelve Apostels Mountains und bietet einen phantastischen Meerblick mit perfekten Sonnenuntergängen. Die 70 Zimmer, entweder zur Garten- oder Meerseite hin sind ein Traum an Perfektion für Familien, es wurde einfach an alles gedacht: Wie die vielen liebevollen Details; der „Betthupferl-Erdbeerdrink mit selbstgemachten Smarties Cookies“ oder der 30 Grad warme Pool, in dem sich Kids gerne aufhalten und auch noch beim Mondschein schwimmen können (spannend!), während die Eltern auf der Terrasse der „Leopard Bar“ den gigantischen Ausblick in Kapstadts Sternenhimmel geniessen können, gepampert von dem hervorragend geschulten Personal.

Das „Azure Restaurant“ mit seinem weiten Blick auf das Meer ist legendär und erfüllt auch Yummy-Kinderwünsche wie Nuggets und Co mit viel Ketchup. Das Frühstück bei strahlendem Sonnenschein ist einmalig, mit dieser genia-

Die Garage im 12 Apostels Hotel & Spa ist ein Traum für grosse & kleine Jungs len Aussicht von der Terrasse auf den tobenden Ozean, in dem man zwischen Juni und November sogar Wale sehen kann. Vielen ist das Hotel zu weit draussen, aber da die meisten sowieso mit dem eigenen Mietauto anreisen, ist dies kein Problem. Ausserdem gibt es einen gratis Shuttle Service, der Familien in 15 Minuten in die City bringt. Dass kleine Urlauber hier willkommen sind, ist keine Floskel, sondern basiert auf einer täglich gelebten Überzeugung. Kein Wunder, dass viele Familien wiederkommen.

★ FAMILIENFLÜSTERN ★

Es gibt sogar ein eigenes Kino und ebenso beeindruckend ist die Traumgarage für kleine Jungs und ihre grossen Väter: Diese ist ein einzigartiger „Show Room" der Luxus-Schlitten: Bentley, Mercedes, Aston Martin, Ferrari, Lamborghini, Rolls Royce…

www.twelveapostelshotel.com

The Westin Grand Hotel

City Convention Center, Arabella Quays

Wer Luxus mit Kinderfreundlichkeit verbinden möchte, ist in diesem 5-Sterne-Haus genau richtig.

Die Zimmer sind sehr schön und modern eingerichtet. Kinder verfügen über ihr separates Reich mit eigenem Bad. Faszinierend für die kleinen Gäste ist auch der Blick aus den gigantischen Glasfenstern auf die City und den Hafen. Der Standort dieses eleganten Hotels, das bereits mehrere Preise gewann, ist ideal, um von dort aus zu Fuß die City zu erkunden. Der Sightseeing-Doppeldecker Bus hält gleich neben dem Eingang und auch die Waterfront ist nur einen Steinwurf entfernt. Im Restaurant gibt es Gourmetküche für die Erwachsenen und eine spezielle Menü-Auswahl für Kids, die „lekker" und zugleich nährstoffreich ist.

Gäste können sich dank des hervorragenden Service und der Familienfreundlichkeit des fachkundigen Personals vom ersten Augenblick im Arabella Sheraton Grand Hotel heimisch fühlen.

www.starwoodhotels.com

Mount Nelson

Das elegante Luxushotel liegt am Fuße des Tafelbergs und besticht durch seine sehr britische, koloniale Eleganz. Es gilt als eines der feinsten Häuser in der südlichen Hemisphäre. Ein wunderschöner Palmengarten mit beheiztem Pool, eigener Tenniscourt und große Familiensuiten bieten allerbesten Komfort.

www.mountnelson.co.za

Cape Grace

Das Cape Grace Hotel ist genau das richtige für Familien mit gehobenen Ansprüchen. Kein Wunder, dass „die schöne Perle an der Waterfront" jedes Jahr internationale Auszeichnungen gewinnt. Denn nicht nur der Service ist exzellent, sondern auch die wunderbare Lage. Zudem hat sich das elegante Top-Hotel mit Überraschungspaketen zur Begrüßung, Kindermenüs und dem Vorlesen von Gutenacht-Geschichten, (Storytelling), sehr auf kleine Besucher eingestellt. Für Familien gibt es geräumige Suiten mit Blick auf den Hafen. Die Balkone haben alle Sicherheitstüren, die kleine Kinder nicht selbst öffnen können. Das hoteleigene Restaurant „One Waterfront" (Quay West), gilt als eines der besten Lokale Südafrikas. Das Kindermenü lässt auch keine Wünsche offen, und hervorzuheben ist auch der hervorragende Room-Service. Und für gestresste Daddies: die Bascule Bar ist die beste Whiskey-Bar der südlichen Hemisphäre!

www.basculebar.com

www.capegrace.com

Beste Lage mit Blick auf den Tafelberg: Das Cape Grace Hotel in Kapstadt ist sehr familienfreundlich

$$$$

Winchester Mansions

raffiniertes Stadthotel mit Superdesign und Italo-Flair, sehr kinderfreundlich und direkt an der Sea Point Promenade mit Blick auf die Atlantikküste, beheizter Pool und einem italienischen Innenhof, umgeben von Palmen und Springbrunnen.

www.winchester.co.za

$$$

★ FAMILIENFLÜSTERN ★

Gut und günstig wohnen:

Protea Hotel by Marriott: Fire & Ice

„So Hot! So Cape Town! So Cool!“ Und soviel Pudding, wie man möchte, haben unsere Kids diese familienfreundliche Hotelkette „Pudding-Hotels“ getauft: Wegen des schmackhaften Buffets mit „Endlos-Nachtisch-Nachschlag“.

Der Werbeslogan hält, was er verspricht. Super Lage im Zentrum und in der Nähe von den Stränden von Camps Bay und Clifton Beachfront, tolle Terrasse und Pool mit Blick auf den Tafelberg, 189 geschmackvolle Zimmer, elegant-modernes Feeling mit viel kosmopolitischem Flair nahe der Waterfront, ist es wirklich ein Familienfavorit zum Weiterflüstern.

www.proteahotels.com

The Grand Daddy

zentral im Trubel von der Long Street, angesagtes Backpacker Hotel mit Self-Catering Appartments, extravaganten Zimmern, für junge Leute und unkonventionelle Familien, für Kinder spannend ist eine Übernachtung in den silbernen Wohnwagen, sie stehen auf der Terrasse, gleich daneben die bekannte Roof Top Bar über den Dächern von Kapstadt.

www.granddaddy.co.za

Ritz Hotel

tolle Lage direkt an der Beachfront von Sea Point, nur 300 Meter zum Strand, Restaurants, Cafés, Eisdielen vor der Tür, und nur wenige Auto-Minuten bis zur V&A, es herrscht dort ein sehr familiärer Umgang mit Gästen. Familienflüstern: Der Sky Room oder Sky Room Deluxe, nehmen Sie sich dort ein Zimmer in den obersten Stockwerken, toller Blick auf den Ozean von der 16. Etage, neu renoviert, geräumig, modern, sauber, gutes Frühstücksbuffet, Drehrestaurant 22. Stock, Bar 21. Stock, Pool-Bereich mit schönen Liegen und netter Café-Lounge.

www.ritzhotel.co.za

Breakwater Lodge

ehemaliges Gefängnisfort, super Lage mit Blick auf den Hafen und Tafelberg.

www.breakwaterlodge.co.za

Cape Paradise

preiswerte Unterkunft auch für Langzeit-Familien-Urlauber, in schöner Lage direkt am Hang vom Tafelberg, Selbstversorger Appartments und Luxus-Ferienwohnungen im hochwertigen, eleganten Stil.

www.capeparadise.com

$$

Froggy Pond Resort/ Simonstown

idyllisch gelegen auf der majestätischen Cape Peninsula, ist dies eine Oase für Familien mit geringem Budget in einer reizvollen Landschaft. Gewohnt wird in Chalets oder einheimisch anmutenden Rondavels (Rundhäuser) für zwei bis sechs Personen, die einfach, aber praktisch ausgestattet sind, (Farb-TV, Duschbad/WC und eine volleingerichtete Küche). Kinder fühlen sich am Pool, auf dem Trampolin oder dem Spielplatz der gepflegten Ferienanlage sofort heimisch. Für das leibliche Wohl sorgt ein Familienrestaurant in nächster Nähe. Für Selbstversorger sind Shops und Supermärkte nur fünf Minuten entfernt.

Auf der hauseigenen Terrasse mit Braai

(Grill) können Familien die gigantische Aussicht auf die False Bay genießen und auch der berühmte Boulders Beach mit seiner Jackass Pinguin-Kolonie ist bequem durch einen kurzen Fußmarsch zu erreichen.

www.froggypondresort.co.za

Banghoek Place

nettes Bed & Breakfast in Stellenbosch, viele junge Leute, gute Atmosphäre, Garten, gibt aber auch Familienzimmer.

www.banghoek.co.za

YUMMY

Kapstadt bietet eine kulinarische Vielfalt, die auch Kindern alle Wünsche erfüllen. Und Eltern schwärmen nicht nur, wie preiswert man in Kapstädter Restaurants essen kann, sondern auch über die Familienfreundlichkeit der Gaststätten, die in Südafrika zum Lebensgefühl gehört. Fast jedes Restaurant verfügt über Kinderstühle, Wickelvorrichtung, Malbücher, Spielecke und geschultes Personal.

Die Multikulti-Küche in Südafrika macht mit einer extravaganten Fusionsküche Furore: So auch Kapstadt´s Köche, die aus den Rezepten der ganzen Welt, vor allem aber aus der malaiischen und europäischen Esskultur, innovative Kreationen zaubern. Neben Steaks und der Boerewors, Südafrikas Nationalwurst, landet aber auch Seafood aller Art auf den Tellern. (Crayfish, Kingklip, Yellowtail, Cape Salmon, Snoek, Calamari, Oyster.)

Preiswert, sauber und familienfreundlich ist Lise´s Banghoek Place in Stellenbosch

Bei **www.dining-out.co.za** und **www.eatout.co.za** sind Restaurants und unter **www.wine.co.za** südafrikanische Weine aufgelistet.

AUTHENTISCHE RESTAURANTS:

Marco´s African Place

traditionelle afrikanische Küche mit einheimischer Live-Musik.

www.marcosafricanplace.co.za

Africa Café

Köchin Portia tischt köstliches aus ganz Afrika auf, unbedingt probieren, Pastete aus Spinat und Maismehl nach Xhosa-Art.

www.africacafe.co.za

Five Flies

Topadresse für Gourmets am Kap, hervorragender Service.

www.fiveflies.co.za

Kaffeekultur & Kids Eiscreme

Vida e Caffé

In der portugiesischen Bar gibt es den besten Kaffee der Stadt (Muffins mit pikanter Füllung probieren), gibt mehrere Filialen.

www.vidaecaffe.com

Café Macchiato

Das beste Eis und Pasta mit marktfrischen Zutaten wie bei „Mamma". 92 Main Rd, Sea Point. Mehr Infos über die Top Ten Coffee Shops (zudem gibt es extra Infos über Kids).

www.kapstadtmagazin.de

Traumhafte Athmosphäre im Shimmy´s Beach Club

Café Barelli Deli Bar

Der Klassiker in der Long Street, Sehen und Gesehen werden, Yuppies aus Film und Werbung.

www.tripadisor.de

Giovanni´s Deliworld

Gemütlicher Deli inmitten des Trubels von Green Point, Tische drinnen und draussen, Spezialitäten auch zum Mitnehmen.

www.zomato.com

★ FAMILIENFLÜSTERN ★

Spur Steak Ranches

Super Familien-Restaurant-Kette mit Kidz-Menü, eigenem Spielzimmer, Geburtstags-Service, Malsets und Bastelsachen, etc. Es ist von außen an den Wildwest- und Indianermotiven stets zu erkennen. Es gibt etwa 30 Spur-Restaurants in und um Kapstadt. Spur ist eine Steakhaus-Kette, vergleichbar mit dem erstklassigen Blockhaus in Deutschland. Neben Steaks, Rippchen, Burger etc. sind vor allem die Salat- und Gemüsebüffets zu empfehlen. Ebenso wie die Spurstyle-Zwiebelringe, die man als Beilage wählen kann. Super lockere Atmosphäre. Wer mit kleinen Kindern unterwegs ist und sich trotzdem einen netten Abend mit Restaurantbesuch machen will, ist hier genau richtig.

www.spur.co.za

Jimmy the Fish

in Stellenbosch, Seafood, Grill & Sushi vom Feinsten, sehr gut besucht von Familien mit kleinen und grossen Kindern, freundliches Personal, Kindermenüs, schöne, maritime Deko wie grosse Aquarien.

www.jimmythefish.co.za

Lucky Fish & Chips

Fish & Chips fangfrisch auf die Teller, mit Blick auf die Surfer-Szene am Strand von Muizenberg.

www.luckyfishandchips.co.za

Ocean Basket

super guten Fisch zu günstigen Preisen.

www.oceanbasket.co.za

Fork Tapas & Pinchos Bar

in der Long Street gibt es ein nettes Restaurant und Bar, Tapas und andere Delikatessen, familienfreundlich und sehr gemütliche Einrichtung.

www.fork-restaurant.co.za

Col`Cacchio

Bambini welcome heisst es in dieser familienfreundlichen, italienischen Pizzeria in Camps Bay, wo Kids Tischdecken bemalen dürfen und mit Teig und Ausstechformen gut beschäftigt sind. Tolle Lage mit Blick auf die belebte Beachszene, probieren Sie das Piccolo Mittagsmenü.

www.colcacchio.co.za

★ FAMILIENFLÜSTERN ★

Hier noch zwei Geheimtipps von Kapstädtern

Shimmy Beach Club

Der Geheimtipp, den jeder in Kapstadt kennt and „the hottest place to chill." Coole Strandbar und Café mit gemütlichen Lounge-Ecken und Blick aufs Meer, Schiffe und Segelschiffe, die vorbeiziehen. Tolle Atmosphäre, viele Familien, sehr gutes Essen und Cocktails. Gibt es auch noch in Durban und Johannesburg.

www.shimmybeachclub.com

Grand Café & Beach

gilt als der schönste Beach Club der Stadt und ist mit seinem privaten Strand in der Granger Bucht nahe der V&A Waterfront ideal auch für Babies und kleine Kinder, die im Sand buddeln können, während die Eltern in dieser schönen Location Sonne tanken.

Hochwertiges Essen und guter Service gepaart mit einer entspannten Atmosphäre für Familien. Weiterflüstern!

www.grandcafébeach.co.za

★ West Coast

Lange Sandstrände, hügelige Dünenlandschaften, es lohnt sich, unbedingt einen Ausflug nördlich von Kapstadt, entlang der Atlantikküste, zu machen. 80 km außerhalb von Kapstadt entlang der R27 ist die Westküste allgemein sehr beliebt bei Familien zum Campen und für Outdooraktivitäten. Vom Bloubergstrand aus kann man die berühmten Postkartenmotive vom Tafelberg schiessen. Das Wasser im Atlantik ist zwar sehr kalt, aber dafür sind die einsamen Strände und kleinen Fischerdörfer eine Reise wert. Hier kann der Besucher im Frühjahr Wale beobachten, Surfen, Angeln und Wassersport in jeder Form betreiben. Bei Strandspaziergängen können eine Vielzahl an Seevogelarten beobachtet werden. Während der Wildblumenblütezeit im August erstrahlt die Natur in einem einmalig bunten Farbenmeer und ist somit zum Wandern ein Genuss pur. **www.darlingwildflower.co.za.**

Während der Wildblumenblütezeit im August erstrahlt die Natur in einem einmalig bunten Farbenmeer.

Yzerfontein

ist ein pittoreskes Fischerdorf nahe dem West Coast Nationalpark. Der bestiсht durch die große Lagune mit zahlreichen Wassersportmöglichkeiten. Auf dem Rückweg entlang der Lagune erreicht man Langebaan. Von Langebaan kann man kleine Fischerdörfer wie Paternoster, Elansbaai oder Lamberts Bay anfahren.

www.capewestcoast.org

Der Ort macht zwar einen ziemlich verschlafenen Eindruck, begeistert aber durch seine Wildheit und Abgeschiedenheit. Nur während der snoek Saison ist hier richtig viel los. Dutzende von Schiffen laufen ständig voll beladen im kleinen Hafen ein und aus. Großhändler, Restaurant- und Ladenbesitzer aus Kapstadt kommen, um den frischen Fisch, „Bakkie" genannt, einzukaufen. Der Yzerfontein Caravan Park- Camping & Chalets ist ein familienfreundlicher Campingplatz mit direktem Strandzugang und Spielplätzen.

www.tourismyzerfontein.co.za

Von Yzerfontein geht es weiter zum West Coast Nationalpark, der einer der wichtigsten Feuchtbiotope im Land ist, vorbei an wilder Küste, Lagunen und dem rauem Atlantischen Ozean. Der 18000 ha grosse Park hat eine herrliche Lagune mit Wildblütenlandschaft, Flamingos und kleinen Antilopen.

www.sanparks.org

Langebaan

www.langebaaninfo.com

★ FAMILIENFLÜSTERN ★

Das Strandloper Seafood Restaurant

Kinder finden den unbebauten, nahezu menschenleeren Strand, Wildheit und Seefahrerromantik ausstrahlend, toll. Große Steine zum Draufklettern, die Wellen branden am weißen Sandstrand, wo ein auf Grund gelaufenes Schiff vor sich hin rostet und zu dem die Mutigen unter ihnen schwimmen können. Das Outdoor-Restaurant besteht nur aus ein paar Bänken, Holzhütten, mit Schatten spendenden Strohdächern. Sandfußboden und Fischernetze als Vorhänge, ein Gitarrenspieler, in schwarzen, riesigen Töpfen garen die Meeresfrüchte und in selbstgebauten Backöfen wird Brot gebacken. Besteck? Servietten? Service? Vergessen Sie es. Das ist doch nichts für kleine Piraten! Gemampft wird mit Muschelschalen, Getränke samt Kühlbox bringt jeder Gast selbst mit, man kann aber dort auch etwas kaufen.

Für einen Fixpreis darf in diesem Seafood-Tempel so viel gegessen werden wie man schafft. Halten Sie sich anfangs zurück, denn gegen Ende werden die Gerichte immer leckerer. Die Krönung sind die „crayfish", die gegrillten Hummer, die jeder Gast auf dem Grill selbst

Im Strandloper Restaurant stranden Familien gerne

Ausflüge an der rauen Atlantikküste sind bei Familien sehr beliebt

Große Steine zum Draufklettern, die Wellen branden am weißen Sandstrand und ein auf Grund gelaufenes Schiff...

mit Öl begießen darf.

Davon schwärmten unsere Kinder: von den „Waste-Birds", den Möwen, die als „lebende Abfalleimer" die Reste der Mahlzeiten, die ihnen (auf der Möwenmüllkippe) hingeworfen werden, gierig und gellend verschlingen.

Drei bis vier Stunden- dazwischen wird mal im Meer gebadet oder mit den Kiddies Beachvolleyball gespielt,- muss man schon für dieses zehngängige „Seafood- Highlight" im Freien einplanen.

www.strandloper.com

SWEET DREAMS

Club Mykonos Resort and Casino

Komfortable Ferienanlage im griechischen Baustil mit Restaurants, Yachthafen und allen Wassersportmöglichkeiten.

www.clubmykonos.co.za

Lambert´s Bay

Von Langebaan geht es weiter über die R27 nach Velddrif und Laaiplek und weiter auf der Schotterpiste nach Eland´s Bay am Atlantik entlang zum Fischereihafen Lambert´s Bay.

Sehenswert Bird Island, ein Vogelparadies mit Möwen, Kormoranen, Pinguinen und manchmal Flamingos.

www.lambertsbay.co.za

YUMMY

Muisbosskerm

Sechs Kilometer südlich befindet sich ebenfalls ein Open-Air-Fisch-Restaurant, für das die Kapstädter extra am Wochenende angereist kommen, um sich an Fisch in allen Variationen (gegrillt, gebacken, geräuchert) satt zu essen. Schönes Ambiente, besonders abends, wenn alles durch Kuperlaternen beleuchtet ist.

www.muisbosskerm.co.za

★ Die Walroute

Der mit dem Wal schreit

„Da!“ ruft ein junger Mann. Wenige Meter vor ihm ein schwarzer Umriss. Verschwindet, taucht auf, wird größer. Über 18 Meter lang - ein Glattwal. Im Morgennebel glänzen die Augen der Menschen, die von weither angereist sind. Fasziniert betrachten sie das kostenlose Schauspiel der Schöpfung, das sich hier an der südlichen Spitze Südafrikas vor ihren Augen abspielt: Wale zum Greifen nahe! „Es ist wunderbar!“ flüstert eine junge Frau beinahe andächtig. In majestätischer Ruhe - den dunklen Rücken zum Buckel gekrümmt- taucht der König der Meere ab. Für Walfans wie Michael und Caroline aus Hamburg ist Hermanus der schönste Ort, um ihre Flitterwochen zu verbringen.

Das kleine Fischerdorf, 124 Kilometer östlich von Kapstadt, zählt laut World Wide Fund for Nature (WWF) zu den 12 besten Walbeobachtungsplätzen der Welt. „Hermanus“, so Experte Mark Carward von der World-Whale-Watching authority, „ist der beste Platz der Welt, um vom Land aus Wale zu beobachten.“

Eng aneinandergeschmiegt sitzen Michael und Caroline auf den Felsen der Bucht von Windsor Bay. Aus nur fünf Meter Entfernung verfolgen sie fasziniert die Walfamilie, die gemächlich an den Klippen vorüberzieht. Der häufigste Wal vor Südafrika ist der Southern Right Whale. Die Hälfte der Südlichen Glattwale zieht von Juni bis September vom Südpol in die warmen Gewässer von Südafrika, um

Faszinierend ist das kostenlose Schauspiel der Schöpfung, das sich hier an der südlichen Spitze Südafrikas abspielt: Wale zum Greifen nahe!

sich dort zu paaren und die Jungen aufzuziehen. Der englische Name „Right Whale“ geht auf die Walfänger zurück, die seine Barten und die hohe Ölausbeute schätzten: Der Glattwal war der „richtige“ Wal zum Jagen. In den letzten 300 Jahren wurde er fast ausgerottet. Erst durch das seit 1935 bestehende internationale Artenschutzgesetz haben sich die Bestände erholt.

Die kleine Bucht am Old Harbour Museum ist nicht der einzige Ort, wo man in unberührter Natur die sanften Riesen der Ozeane stundenlang bewundern kann. Neben Windsor Bay sind Gearing's Point und Fick's Pool weitere schöne Aussichtspunkte des mit üppiger Flora gesäumten Pfades „Cliff Path“, der sich in atemberaubender Kulisse an den Klippen entlang schlängelt. Mitten in dem malerischen Hafen liegt das außergewöhnliche Büro des Old Harbour Museums. Ein Blick aus dem Fenster zeigt postkartenschön das berühmte Panorama des Indischen und Atlantischen Ozeans, die hier tosend aufeinander treffen. Grüne Bergketten und weiße Strände ziehen sich endlos an der Küste entlang. Erneut haben wir Glück. Ein Glattwal streckt wie zum Gruß eine seiner paddelartigen Brustflossen aus dem Meer, bevor der fast sechs Tonnen schwere Koloss mit einem übermütigen Sprung wegtaucht. Wer ein wenig Geduld bei der Walbeobachtung mitbringt, hat gute Aussichten, den Balztanz eines männlichen Tiers mitzuerleben. „Ja“ schwärmen die Mitarbeiter des Museums, „ein wunderschöner Arbeitsplatz, besonders von August bis Oktober, wenn am meisten Wale da sind. Direkt unter unserem Fenster säugen die Walmütter ihre Kälber, oder die Kleinen treiben Schabernack mit der Boje.“ Draußen beim Felsen zeigt sie uns die Sonarboje. Durch das eingebaute Unterwassermikrophon sind die Gesänge der Wale live zu hören.

In majestätischer Ruhe – den dunklen Rücken zum Buckel gekrümmt – taucht der König der Meere ab.

Plötzlich lässt uns ein ganz anderer Ton aufmerksam werden. „Wal! Da bläst er!“ war einst der traditionelle Schrei des Walausrufers, wenn er Beute sichtete. Noch heute sind die Buchten in Hermanus sein Jagdrevier. Doch der Farbige in der extravaganten Tracht, eine Mischung aus Tirolerhut, Fischerhemd und Uniformhose ist kein Walfänger. Wenn der einzige Walschreier der Welt in sein Horn bläst, gibt er mit Hilfe eines Morsealphabets den Menschen die aktuellen Standorte der Riesensäuger bekannt. Die Geschichte des Walausrufers ist so ungewöhnlich wie die des einst verträumten Fischerdorfes. Als Altersruhesitz reicher Südafrikaner war das idyllische Fleckchen völlig unbedeutend. Für die Wale interessierte sich niemand. „Die waren doch schon immer da" so der ortsansässige Oldie Steven Smith. Bis eines Tages ein Tourist aus Johannesburg das verschlafene Fischernest aufweckte. „Sie haben hier das bestgehüteste Geheimnis der Kap-Region", sagte er 1991 zu Jim Wepener, dem Chef des Touristenbüros. „Die Wale!". Inspiriert von dem englischen town-crier (Stadtausrufer) ließ sich daraufhin Wepener etwas Außergewöhnliches einfallen, um Wale für Touristen interessant zu machen; er steckte einen Angestellten des Old Harbour Museums in ein mittelalterliches Kostüm, gab ihm ein Horn, fotografierte ihn und bemusterte damit weltweit die Medien. Der Walschreier sorgte dafür, dass Südafrika schon bald bei dem boomenden Geschäft des Whale Watching mitmischen konnte. Die organisierte Beobachtung der Meeressäuger findet weltweit in 65 Ländern mit schätzungsweise sieben Millionen Teilnehmern statt. Eine Goldgrube für die Betreiber. Allein in Hermanus wurden in der Hochsaison September und Oktober, wenn Wale mehrmals am Tag zu sehen sind, Umsätze in Millionenhöhe erzielt.

Einen Logenplatz für Walbeobachtung bietet das beste Hotel vor Ort. In der Bar des feudalen „Marine", das wie eine Königin auf den Klippen thront, treffen wir am nächsten Morgen das hanseatische

Wale aus dieser Nähe zu beobachten ist ein ganz besonderes Erlebnis

Pärchen Caroline und Michael wieder. „Ein phantastisches Hotel" schwärmt Caroline über ihr Zimmer mit Meerblick, die Honeymoon Suite. „Wale gibt's da schon zum Frühstück" schmunzelt sie. „Die können wir sogar von unserem Bett aus sehen".

HERMANUS

Die Wal-Hauptstadt Südafrikas ist auch bei Kapstädtern sehr beliebt. Von Juni bis November kommen die Glattwale „Southern Right Wale", um in den warmen Gewässern ihre Jungen aufzuziehen. Der englische Name right whale stammt noch aus der Zeit des professionellen Walfangs Ende des 18.Jahrhunderts. Er war der richtige Wal zum jagen, da er langsam schwamm und so leicht zu harpunieren war. Wenn der weltweit einzigartige „Whale Crier" in sein Seetanghorn bläst, gibt er mit Hilfe eines Morsealphabets den Menschen die aktuellen Standorte der Riesensäuger bekannt, die vom Ufer aus oder von den lizenzierten Walbeobachtungsbooten hautnah beobachtet werden können. Sehr nahe sieht man die sanften Riesen auch auf dem 12 kilometerlangen Cliff Walk Pfad entlang der Klippen.

Im Morgennebel glänzen die Augen der Menschen, die von weither angereist sind.

Für den Überseebesucher lohnt sich zur Walbeobachtung ein Aufenthalt von August bis Oktober. Die Wale kommen dann gerne in die Bucht hinein und können von den verschiedensten Aussichtspunkten auf den Klippen in der Stadt bewundert werden. Manchmal trauen sie sich

Grüne Bergketten, weisse Strände & Hermanus legendäre Champagner-Luft lässt auch Kids aufleben

Der weltweit einzige „Whale Crier" bläst in sein Horn

bis auf circa 50 Meter ans Ufer heran. Im September/Oktober findet auch das alljährliche Whale Festival statt.

www.cape-whaleroute.com

www.hermanus.co.za

www.whalefestival.co.za

OLD HARBOUR MUSEUM

wie die Wale flüstern und singen gibt es in dem kleinen, aber feinen Museum direkt am Hafen im Harbour Museum zu hören. Ein Mikrophon überträgt live die wunderschönen Gesänge dieser musikalischen Virtuosen der Meere.

www.tourismushermanus.co.za

SWEET DREAMS

$$$$$

The Marine

wie eine Königin thront dieses wunderschöne, über 100 Jahre alte Traditionshotel auf den Klippen, mit direktem Blick auf das Meer. Am schönsten sind die Doppelzimmer und Suiten, mit Walbeobachtung direkt vom Bett aus. Das Zimmer 207 gilt als das Schönste, mit gefüllter Minibar und Begrüssungswein im Preis inbegriffen! Wer nicht im Marine wohnt, es lohnt sich, dort einen Drink in der schönen Bar „The Sunset Lounge“ mit Blick auf die unglaubliche Walker Bucht zu nehmen oder das Restaurant „Origins“ mit Meerblick zu testen. Probieren Sie Seafood, das Surf & Turf oder die Prawns.

www.collectionmcgrath.com

$$$

Windsor Hotel

Das gepflegte Familienhotel liegt ebenfalls direkt am Meer und hat Zimmer mit direktem Walblick.

www.windsorhotel.co.za

Harmonie Property Services

wunderschöne, stylish eingerichtete Appartments mit allem Komfort direkt an der Marine Terrace. Fragen Sie nach Svenia, sie spricht deutsch.

www.harmonieprop.co.za

$$

Abalone Guesthouse

Ebenso in bester Lage am Cliffpath, modern eingerichtetes Gästehaus. **www.abalonelodge.co.za**

YUMMY

Bientang´s Cave

Seafood vom Feinsten, aber auch gute Pasta für die Kids, mit spektakulärer Aussicht in einer geheimnisvollen Höhle, einmaliges Ambiente.

www.bientangscave.com

The Burgundy

Toller Blick aufs Meer, nette Bedienung, gute, kreative Küche: Bobotie mit Springbok, Line fish auf marokkanisch, unbedingt probieren!

www.burgundyrestaurant.co.za

La Pentola

Ein Muss für Familien! Schöner Blick und göttliche cuisine direkt vom Chef mit dem extravaganten Namen Shane Sauvages. Probieren Sie die Spezialität des Hauses, Line Fisch Maitre de Hotel.

www.lapentola.co.za

Market Square

Um den Market Square reihen sich mehrere Restaurants aller Preisklassen und Geschmacksrichtungen, alle gut.

www.hermanus.co.za

FÜR GOLF FANS

$$$$

Western Cape Hotel & Spa

Idyllisch an einer Lagune in Kleinmond gelegen, mit abwechslungsreicher Umgebung, Buchten, Felsenklippen, Strände und am Stony Point bei Betty Beach gibt es Pinguine zu sehen, phantastisches, sehr kinderfreundliches Golf-Hotel mit hervorragendem Wellness-Bereich und

tollen Familienzimmern, Badezimmern mit Aussicht auf die Lagune und umfangreichem Kinderprogramm.
www.arabella.co.za.

GANSBAAI

Dieser kleine Fischerort südöstlich von Hermanus eignet sich auch für einen Tagesausflug, längst weltweit bekannt als einer der besten Haibeobachtungsspots und als einziger Platz, wo man die „Marine Big 5“, Haie, Robben, Pinguine, Delfine und Wale hautnah erleben kann.
www.whitesharkfestival.org

„Wal! Da bläst er!“ war einst der traditionelle Schrei des Walausrufers, wenn er Beute sichtete.

DYER ISLAND CRUISES

Bietet spektakuläre Bootstouren zum Haie beobachten an der Shark Alley für eine unvergessliche Marine Wildlife Erfahrung an.
www.dyer-island-cruises.co.za

GROOTBOS NATURE RESERVE

$$$$$

wunderschöne Anlage mit stilvollen Suiten inmitten der Fynbosvegetation mit Blick auf die Walkers Bay, sehr kinderfreundlich, besonders schön sind die Ausritte in das 17 qkm große Grootbos Naturreservat, hervorragende Küche, eignet sich auch für einen Abstecher zum Lunch.
www.grootbos.com

★ *Die Garden Route*

Die Garden Route gilt als die Cote D´Ázur Südafrikas. Mit ihren abwechslungsreichen Landschaften, Seen, Lagunen, Flüssen und Endlos-Stränden gehört die Perle am Indischen Ozean zu den beliebtesten Strecken im südlichen Afrika.

Der rund 300 Kilometer lange Küstenstreifen wird allen Träumen von Aktivurlaubern und Familien gerecht. Der schönste Abschnitt liegt zwischen Mossel Bay und den Tsitsikamma Bergen.

www.gardenroute.co.za

www.sacape.co.za

MOSSEL BAY

Das Eingangstor der Garden Route hat laut dem Guiness Buch der Rekorde weltweit (nach Hawaii) ganzjährig das mildeste Klima. Sehr geschichtsträchtig ist es zudem, da Bartolomeu Diaz 1488 als erster Europäer südafrikanischen Boden betrat, als er den Seeweg nach Indien suchte.

BARTHOLOMEU DIAS MUSEUM COMPLEX

Das gleichnamige Museum gibt mit dem Nachbau seines Schiffes einen authentischen Einblick in das Leben der mittelalterlichen Seefahrer und Entdecker.

www.diasmuseum.museum.com

Das Wahrzeichen von Plettenberg ist das Appartmenthaus Beacon Island, das wie eine Festung vor dem Ozean thront

POST OFFICE TREE

Der berühmte Post Office Tree, ein mächtiger, unter Denkmal stehender Milkwood Baum erinnert noch heute daran, dass die ersten Seefahrer dort Briefe für nachfolgende Schiffe deponierten.

STRÄNDE

Die natürlichen Pools bei Die Poort und Die Bakke sowie der Santos Beach mit seinem hübschen Strandpavillion, dem Seebad Brighton nachempfunden, sind die schönsten Stellen zum Baden.

SWEET DREAMS

$$$

De Bakke Beach Chalet& De Santos Caravan Park

Traumhaft an der Bay gelegene, reetgedeckte Selbstversorger-Cottages, gross, sicher, ideal auch für Familien der schön gelegene Campingplatz.

www.debakkesantos.co.za

$$

Santos Express

unterhalb des Museumskomplexes schläft man in einem historischen Zug, zwei bis vier Bett-Abteile, klein aber spannend und nur 30 Meter vom Strand. Ausgefallene und sehr günstige Unterkunft.

www.santosexpress.co.za

Die Garden Route gilt mit ihren Landschaften, Seen, Lagunen, Flüssen & Endlos-Stränden als die Cote D´Ázur Südafrikas.

Bilderbuchort Wilderness: goldene, kilometerlange Strände, Seen & Berge

YUMMY

Jazzbury´s Restaurant

Probieren Sie mal gegrilltes Wild wie zum Beispiel Strauss mit Maisbrei (mielie pap), Lekker! Neben den traditionellen Gerichten ist der fangfrische, einheimische Fisch zu empfehlen.

www.jazzburys.co.za

The Kingfisher

direkt am Meer mit Blick auf die Bucht von Mossel Bay, top Fischgerichte und guter Service.

thekingfisher.co.za

GEORGE

Mit seinem Industrie-Center ist Südafrikas sechsälteste Stadt hauptsächlich etwas für Golfer. Neben dem Weltklasse-Golfplatz war George bekannt für seinen Quteniqua Choo-Tjoe Train. Die Fahrt mit dem Dampfzug zwischen George und Knysna gehörte zu den schönsten Eisenbahnstrecken Südafrikas und wurde leider 2010 wegen zu teueren Reparaturkosten eingestellt.

www.georgetourism.org.za

SWEET DREAMS

$$$$

Fancourt

Für Golfer gibt es ja wie bekannt nur ein Hotel, die erste Adresse in Südafrika für betuchte Golfer. Gäste haben Zugang zu den drei Golfplätzen, „Quteniqua, Montagu und The Links", ausserdem bietet es einen schönen Wellnessbereich mit Thermalbad, Sportplätzen und Pools. Familienfreundlich und grosse Auswahl, es gibt allein fünf Restaurants.

www.fancourt.com

$$

George Backpackers Host

es geht aber auch bescheidener und trotzdem komfortabel. Rooms of Africa bietet schöne Gästehäuser oder B&B an.

www.roomsforafrica.co.za

Victoria Bay

Der sehr schöne und geschützte Strand gilt als Geheimtipp und ist vor allem bei südafrikanischen Familien sehr beliebt. Der ideale Ort, um dem süßen Nichtstun zu frönen, auf der Wiese zu liegen, zu lesen, Kricket oder Fußball zu spielen. Die Promenade, der Strand sowie die sanitären Anlagen sind, wie fast immer in Südafrika, sehr sauber. Auf dem ebenfalls gepflegten Rasen machen wir ein Picknick und beobachten das Meer und seine Spielgefährten, Surfer, die vor begeistertem Publikum ihre Saltos wagen. Zudem ist der kleine, intime Strand auch ein beliebter Platz für Mode-Shootings.

www.suedafrica.net

$$$$

Protea Hotel by Marriott

George King

In einigen Häusern wie diesem bietet Protea neben dem täglichen Ferienprogramm (ProKidz Club) noch eine Überraschungstüte für die Kinder bei der Ankunft an. Das 4-Sterne-Haus liegt an der familienfreundlichen Victoria Bay. Beliebte Attraktionen wie die Seenlandschaft von Sedgefield, Walbeobachtung, Wildbeobachtungsfahrten und vieles mehr sind in der Nähe. Die Hotelanlage mit Pool und Spielplatz ist sehr gepflegt, ebenso wie die 37 gut ausgestatteten Zimmer. Nicht umsonst gelten die Protea Hotels und Restaurants als kinderfreundlich, Hochstühle, geschulter Service und eine entspannte Stimmung im Haus, begeistern viele Familien.

www.proteahotels.com

WILDERNESS NATIONAL PARK

Am Aussichtspunkt Dolphin Point bekommt man einen ersten Eindruck von diesem Bilderbuch-Ort, der durch goldene, kilometerlange Strände, Seen und Berge besticht. Der Wilderness National Park ist ein 250 km2 großes Areal, das fünf Seen, kilometerlange Strände und circa 24 500 Wasservögel beherbergt.

www.sanparks.org

SWEET DREAMS

$$$

The Wilderness Hotel Resort & Spa

Das Hotel liegt inmitten herrlicher Gärten nur wenige Minuten vom Strand entfernt und ist somit ein idealer Ausgangsort für Ausflüge an der Garden Route. Die 150 Zimmer mit schönem Blick verfügen über jeden Komfort. Aussen-Swimmingpool, Minigolfplatz, großer Spielplatz und ein eigener ProKidz Club, der täglich von 9.00 bis 22.00 Uhr ein großes Ferienprogramm bietet, machen das Ressort zum idealen Erholungsort für Eltern und Kinder. Das Restaurant offeriert Kids Menü, Hochstühle, internationale Küche mit afrikanischen Einflüssen sowie hervorragende Weine und wie immer in Südafrika traditionelle Gastfreundschaft und ausgezeichneten Service wie die Family Rooms und Kinder-Zusatzbetten.

www.thewildernesshotel.co.za

$$

Haus am Strand

Diese Pension direkt am Strand ist eine Traumlocation für Familien mit Kindern, eine bessere Lage kann man nicht finden. Sechs Suiten mit direktem Strandzugang ohne eine Strasse dazwischen, gemütlich ausgestattet, freundlicher Service, preiswert und man spricht deutsch.

www.hausamstrand.com

San Parks

Übernachtet wird in rustikalen Holzhütten, sehr familienfreundlich, sauber, nettes Personal.

www.sanparks.co.za

YUMMY

The Girls Restaurant

Gleich über die Strasse vom Haus am Strand, sieht von aussen unscheinbar aus, aber immer brechend voll, deshalb besser vorher reservieren, gute Fusion-Küche, von allem etwas, mittleres Preissegment.

wwww.thegirls.co.za

Sedgefield

Idyllisch gelegen. Sehr gut geeignet für Wald und Strandspaziergänge, Sonnenbaden und Reiten. Ein schöner, familienfreundlicher Strand, der nicht so überlaufen ist. Im Kula K`wai mit Kinderspielplatz können Eltern in Ruhe essen und sich an der Bar einen tollen

Cocktail gönnen.
www.tourismsedgefield.co.za

KNYSNA

Ist das beliebteste Touristenziel im Herzen der Garden Route; unberührte Wälder, ruhige Seen, goldene Strände und eine große Lagune bieten unbegrenzte Freizeit- und Wassersportmöglichkeiten. Der Name bedeutet bei den Ureinwohnern „Ort des Holzes", und die Stadt ist bekannt für ihre Möbel aus Stink- und Yellowwood, die aus dem 80.000 Hektar großen Knysna Forest mit dem größten Baumbestand Südafrikas stammen. (Heimat vieler Vogelarten und dem seltenen Knysna- Elefanten).
www.tourismknysna.co.za

Noetzie's Castles

Liegen 10 Kilometer außerhalb von Knysna in östlicher Richtung an einem idyllischen Surfstrand und einer kleinen Lagune. Wer möchte kann sogar in einer dieser exzentrischen Gebäude übernachten.
www.knysnacastles.co.za

Leisure Island The Heads

Der Eingang der Lagune wird links und rechts von Sandsteinklippen, den imposanten Heads, eingerahmt. Von der Spitze des östlichen Head hat man ein phantastisches Panorama auf Meer und Berge.
www-leisureisland.co.za

Knysna Quays

Wer Kapstadts Waterfront kennt, sieht in den Appartmentresidenzen nur einen müden Abklatsch. Empfehlenswert sind aber die Boots- touren, die vom Hafen aus die Lagune befahren, besonders die Bootsfahrt zum privaten Featherhead Nature Reserve auf dem Western Head.

Knysna Oyster Company/Thesen Island

Wer könnte Knysna verlassen, ohne seinen glibberig-guten Ruf zu testen? In der 13 km2 großen Lagune von Thesen Island werden Austern von Weltrang gezüchtet. Das an die Austernfabrik angeschlossene Restaurant genießt jedenfalls unter Austernschlemmern den besten Ruf. (Austern in Hülle und Fülle gibt es jedes Jahr im Juli beim Knysna Oyster Festival). Ein Spielplatz an der Lagune sorgt für genug Auslauf für die Kleinen.

www.knysnaoysters.co.za

Knysna Elephant Park

Direkt an der N2 gelegen. Zwischen Knysna und ca. 12 km vor Plettenberg Bay auf das Hinweisschild achten. Kinder lieben diesen Park, der 1994 gegründet wurde. Mit einem Traktor (allein das ist schon nett) wird man ganz nah zu den Riesenkolossen gefahren, deren Heimat einst der Krüger Park war. Trotz ihrer Größe wirken die ruhigen Tiere nicht bedrohlich auf Kinder. Im Gegenteil: In ihrer natürlichen Umgebung scheinen die grauen Riesen die Streicheleinheiten und das Füttern sogar zu genießen. Entweder kann man mit den Elefanten wandern oder auf ihnen reiten. (Elephant Walks & Elephant Back Rides). Restaurant & Shop mit Outdoor-Spielplatz laden zum Verweilen ein. Es gibt auch Übernachtungsmöglichkeiten.

www.knysnaelephantpark.co.za

The Featherbed Company

Das 70 ha große, private Featherbed Nature Reserve, „Federbett der Großmutter“, genannt, ist nicht über eine Straße zu erreichen, sondern nur über die Fähre von Kysna (John Benn Jetty), die man vorher reservieren muss. Dort angekommen erwartet uns unser Guide zum Lunch. Es gibt Buffet und somit auch kindgerechtes Essen. Im Park selbst gibt es einen 2,3 km langen Wanderweg. Besonders bei schlechtem Wetter können es Familien aber auch bequemer haben. Nämlich mit der Zugmaschine, die den großen Geländewagen auf den Berg heraufzieht. (Kinder sollten sich unmittelbar hinter die Zugmaschine setzen, so sind sie näher am Geschehen). Klippen, Höhlen, Milkwood- Bäume, Seevögel, Duiker-Rehe etc. werden nicht nur Naturfreunde begeistern. Unsere Führerin kann Kindern sehr anschaulich die Flora und Fauna des Naturgebiets vermitteln, indem sie z. B. wilden Thymian in ihren Händen verreibt, der herrlich riecht. (Achtung: keine Pflanzen abbrechen oder mitnehmen). Am höchsten Punkt steigen die Touristen aus, um die Aussicht über die Lagune zu genießen, bevor es wieder zurückgeht.

Wer will kann auch zurückwandern. Dieser Walk ist nur etwas für größere Kinder. Bei Regen ist es glitschig und viele lose Steine können den Abstieg gefährden. Für Adrenalin-Junkies, die sich während des Family-Trips langweilen sollten: Im Featherbed Nature Reserve kann man sich 122 m in die Tiefe abseilen.

Es gibt vier verschiedene Schiffstouren in und um die Knysna Lagune.

www.featherbed.co.za

www.abseilafrica.co.za

www.headsadventurecentre.co.za

SWEET DREAMS

$$$

Ashmead Resort / Knysna

Große Ferienanlage direkt an der Lagune zu moderaten Preisen, mit großzügig geschnittenen Apartments und Waterfront Cottages, für Ferien mit grossem Gepäck und Familie. Besonders schön für Familien das Waterfront Cottage für vier bis fünf Personen. In Stadtnähe und direkt an der Knysna Lagune gelegen, ist die kinderfreundliche Unterkunft nicht nur ein Paradies für Angler und Boot-Fans. Swimmingpool, Minigolf, Garten, Barbeque-Plätze und ein Seafood-Restaurant versprechen Spaß für die ganze Familie.

www.ashmeadresort.co.za

YUMMY

East Head Café

Auf dem Rückweg von Knysna Heads, schönes Café zum Frühstücken, man sitzt direkt am Wasser.

eastheadcafe.co.za

34 O South

origineller, großer Delikatessenladen. Besitzer Charles verwöhnt seine Besucher an Bistrotischen mit frischem Fisch und kühlem Wein. Kinder können derweil in dem großen Laden Souvenirs anschauen.

www.34-south.com

Caffé Mario

Das italienische Restaurant „Caffé Mario" an der Waterfront Drive ist sehr gut, und die Angestellten bringen gleich zur Begrüßung einen Korb voll Spielzeug für die Sprösslinge. Die hausgemachte Tomatensuppe ist ein guter Tipp für Kinder, ebenso die köstliche Mega-Meeresfrüchte-Pizza für die ganze Familie.

www.caffemario.co.za

The Heads Paquitas Restaurant

In diesem guten und sehr kinderfreundlichen Restaurant geht es locker zu. Die Gaststätte ist zwar voll, aber die Angestellten scheint es weiter nicht zu stören, dauernd über herumlaufende Kinder zu stolpern. Die schönsten Sitzplätze sind vor dem Aquarium. Als Essens-Tipp empfehlen wir die köstlichen Prawns (Garnelen), für Kinder gibt es Kindermenüs und Malbücher.

www.paquitas.co.za

East Head Café

Auf dem Rückweg von Knysna Heads, schönes Café zum frühstücken, man sitzt direkt am Wasser.

eastheadcafe.co.za

★ FAMILIENFLÜSTERN ★

Die Affen von Monkeyland

Seit April 1998 beherbergt das zwölf Hektar große Gelände rund 400 Affenarten aus aller Welt. Wie Totenkopfäffchen, Lemuren, Meerkatzen, die sich frei von Baum zu Baum schwingen. Viele kommen aus dem Zoo, Zirkus oder aus privaten Haushalten und werden in speziellen Aufzuchtprogrammen hier wieder aufgepäppelt. Beispielsweise das zutrauliche, schwarz-weißen Äffchen namens „Claudia Schiffer", das sich am Boden räkelt und fotogen die langen Glieder ausstreckt. Als die forsche Affendame aber aufdringlich wird und unseren Jungs an die Wäsche will, geht der Ranger dazwischen und droht ihr mit dem Stock. „Nicht ohne meinen Stock", erklärt der Biologe, der sei nämlich sozusagen sein verlängerter Arm, um sich vor den Affen Respekt zu verschaffen. Die Affensafari dauert etwa eine Stunde, Höhepunkt ist ein Walk über die 180 Meter lange und 20 Meter tiefe Hängebrücke, die längste Südafrikas.

Beim Lunch im Café geht es zum Schluss noch lustig zu, die Angestellten patrouillieren mit Sprühflaschen, um neugierige Tiere von der Terrasse zu vertreiben. Aber „Claudia" ist unseren Söhnen hartnäckig gefolgt und schnappt sich jetzt einige Pommes, die ihnen runtergefallen sind. Dann bleibt sie in der Nähe unserer Jungs, bis wir Monkeyland verlassen haben.

www.monkeyland.co.za

BIRDS OF EDEN

Gleich daneben ist der Eingang zu einem großen Vogelpark. Ein Wanderweg führt durch den unberührten Wald mit Wasserfällen, Höhlen, unterirdischen Gängen, Hängebrücken und exotischen Pflanzen. Ein lautes Gezwitscher, Gekreische, Gekreuche und Gefleuche. Vögel aller Formen und Farben tun das übrige, dass man sich in einen Dschungel versetzt fühlt. Zur großen Freude der Kinder sind viele der Kakadus und Papageien handzahm, setzen sich auf Schultern und lassen sich streicheln. Passen Sie gut auf Ihre Ohrringe auf! Ein Erlebnis, worüber sich noch heute unsere Jungs empören: Der freche, weiße Kakadu, der Papas Ohrring geklaut hat. Unter dem Vorwand, sein Ohrläppchen zu liebkosen, schnappte sich der dreiste Vogel in Windeseile den Schmuck und flog davon, auf nimmer Wiedersehen. Wegen seiner vielen identisch aussehenden Kollegen war es leider nicht möglich, ihn als Dieb zu identifizieren!
Kinderkarre nicht vergessen.
www.birdsofeden.co.za

Nutzen Sie die Gelegenheit für einen kleinen Zwischenstopp. Auf der N2 zwischen Knysna und Plettenberg befinden sich an der Schnellstraße einige zusätzliche Familienattraktionen, wie z. B. ein Schlangenpark, eine Wolfsstation, Shops und Spielplätze.

PLETTENBERG BAY

Aufgrund der kilometerlangen Sandstrände, bekannt für ihre schönen Muscheln, ist „Plett", wie es die Südafrikaner nennen, einer der beliebtesten Badeorte auch für Familien.
Das Wahrzeichen von Plett ist Beacon Island, ein hohes Apartmenthaus, das wie eine Festung vor dem Ozean thront. Empfehlenswerte Strände für Familien sind Central Beach sowie die Lagune, aber vor allem der berühmte Lookout Beach. Bei Ihrem ersten Spaziergang am Meer werden auch Sie schmunzeln: auf der einen Seite des Strandes sind die Surfer und ihre Groupies, auf der anderen Seite die Familien, die das Café und Restaurant „Lookout" mit seinem wunderschönen Meerblick in Beschlag genommen haben. Wir gucken es uns bei den südafrikanischen Eltern ab. Den Kaffee mit runter zum Strand nehmen, die Sprösslinge in einem bunten Ensemble von Sandspielzeug parken und sich genüsslich die Strandszene anschauen: „One, two,

three,...run!“ Wie tibetische Gebetsfahnen buhlen die farbenfrohen Drachen um die Gunst des königblauen Himmels. Väter spielen mit ihren Jungs Ball, Mütter ziehen stöhnend Kinderwagen durch den Sand, ein kleiner Poseidon mit sandpaniertem Popo stolpert über die zu großen Flossen, Großväter posieren für das Fotoalbum vor der pittoresken Kulisse der Tsitsikamma Mountains oder stolzieren mit eingezogenem Bauch Richtung Badenixen, die sich in knappen Bikinis sonnen. Hier im Meer zu baden ist auch für Kinder herrlich, da das Wasser wirklich badewannenwarm ist. Einmal drin im salzigen, warmen Indischen Ozean wollen selbst Wasserscheue nicht mehr raus. Es ist einfach göttlich, wie in einem riesigen Whirlpool.
www.plettenbergbay.co.za

AKTIVITÄTEN

Ocean Safaris
Dolphin & Whale Watching Cruises
Central Beach

Wale, Delfine, Haie und Robben gibt es bei den Bootstouren, die in der Regel drei bis vier Stunden dauern, zu sehen. Tolles Erlebnis.
www.oceansafaris.co

Robberg Islands Nature Reserve

befindet sich südlich der Stadt, die u. a. zu einer Robben-Kolonie sowie der Nelson Mandela Cave führt. Letztere wurde bereits vor über 100.000 Jahren von den Khoikhoi, auch Koikoin, Khoekhoen, Khoi genannt, (übersetzt „wahre Menschen“), die zusammen mit den San (Buschmännern), bei der Ankunft der ersten Europäer den Westen des südlichen Afrikas bevölkerten. Als einzige ethnische Gruppe der Khoikhoi haben sich die Khoisan sprechenden Nama bis heute in Namibia erhalten. Allerdings ist wegen der hohen Klippen ein Besuch mit Kleinkindern nur unter großer Vorsicht zu empfehlen.
www.robbergislandsnaturereserve.co.za

Keurboomriver

Mieten Sie ein Boot im Yachthafen und tuckern Sie im bierfarbenen Wasser des Keurboomriver, vorbei an majestätischen Bäumen, Bergen, die rechts und links das Ufer säumen, Fischadler, die am blauen Himmel um die Wette segeln. Oft kommen einem dann andere Boote entgegen, deren Passagiere an den flachen Sandstränden zum Picknick oder Sonnenbaden aussteigen. **www.keurboomriver.co.za**

Nature´s Valley

Lädt zu wunderschönen Spaziergängen verbunden mit einem Picknick am Strand ein.

www.naturevalley.co.za

Tandem Skydiving

Adrenalin-Highlights garantiert der freie Fall, (in 35 Sekunden bei 200 KPH) aus circa 10.000 Feet, circa 3000 Meter Höhe. Der Flug dauert 20 Minuten, mit spektakulärem Blick auf Plettenberg Bays Küste und die Robberg Halbinsel. Kids sind ab 13 Jahren zugelassen.

www.skydiving.co.za

SWEET DREAMS

$$$$$

The Plettenberg

Das renommierte Plettenberg Hotel verfügt über einen grandiosen Blick auf die Meeresbucht, wo man mit viel Glück sogar Delfine und Wale beobachten kann. Genießen Sie ein gutes Essen auf der Terrasse oder verweilen Sie am Swimmingpool mit Blick auf den Ozean und den nahe gelegenen Tsitsikamma Bergen. Einfach atemberaubend, die weissen Kronen der Wellen und die Segelschiffe, die am Horizont vorbeiziehen. In dem schattigen Garten wippen Kolibris in den Palmen. Der schönste Traum könnte nicht paradiesischer sein, man muss sich wirklich kneifen, bei diesem Once-in-a-lifetime-Ort, der ohne Zweifel eine (Geld)-Sünde wert ist.

www.collectionmcgrath.com

★ FAMILIENFLÜSTERN ★

Man braucht nicht immer in den teuren Hotels zu wohnen, ein Besuch zum Lunch, Kaffee oder Aperitif reicht auch, um die Atmosphäre dieser Grand Hotels zu geniessen, wie zum Beispiel:

The Kurland / The Craggs / Luxury Country Hotel & Polo Club

Dieses exklusive 5 Sterne Hotel, das von Baronesse Diane Behr und ihrem Mann Peter Behr geführt wird, hat den Flair eines britischen Countryhomes und Kinder aller Altersklassen sind hier willkommen. Familien wohnen in den sogenannten Paddocks, das sind zweistöckige Häuser im kapholländischen Stil. Tolle, große Terrasse mit Blick auf endlos grüne Wiesen, auf denen Polopferde grasen. Das 600 Hektar große Anwesen, so groß wie etwa 700 Fußballfelder, sollte eigentlich ausreichen, um selbst die kapriziösten Jungurlauber mit der Vielzahl von attraktiven Outdoor-Sportaktivitäten wie Tennis, Reiten, Quad-Bike Fahren, Fahrrädern und Booten zufrieden zu stellen. Eltern sollten die Zeit nutzen, sich im Spa-Center ein erholsames Verwöhnprogramm für Körper, Geist und Seele zu gönnen.

www.kurland.co.za

Hunter's Country Lodge

Das preisgekrönte Hotel, das unter anderem bereits zum „südafrikanischen Hotel des Jahres" gewählt wurde, gilt als eine der Topadressen des Landes. Es eignet sich sowohl für romantische Flitterwochen als auch für Familien, die sich und ihren Kindern einmal etwas ganz Besonders gönnen wollen. Die exklusive Lodge der Spitzenklasse ist mit vielen Preisen ausgezeichnet worden und dementsprechend nicht gerade preiswert. Aber Sie werden diese Urlaubs-Investition nicht bereuen. Mit Kindermenüs, einem Kinderbereich am Pool und professionellen Betreuern sind Familien mit Kindern jeden Alters herzlich willkommen. Besonderes Highlight des Hotels sind die ausgezeichnete Gastronomie und die umfangreiche Auswahl an erlesenen Weinen. Für Familien gibt es mehrere Suiten in reetgedeckten Häusern wie unser „Family Orchard Cottage", alle mit eigenem Patio, Kamin und geschmackvoll eingerichteten Antiquitäten. Das riesengroße Kinderzimmer verfügt über ein eigenes Bad mit Kinderbademänteln, Seife, Zahnpasta. Vor dem knisternden Feuer des Kamins stehen für die jungen Gäste kleine Geschenke, Apfelschorle und Zitronencookies bereit und für die Eltern eine Flasche Champagner.

Dann geht es zum Spielen in „Pumbas Garden Playroom". In dem kleinen Garten des „Cups Corner" befindet sich ein Jungle Gym, Babypool und ein Sandkasten. Es gibt eine Nanny, die auch bei schlechtem Wetter dafür sorgt, dass sich die Kleinen auch drinnen nicht langweilen. Von Windeln über Sonnencreme, Snacks, Getränke bis hin zu Eiscreme, hier wird an alles gedacht. Zwei Schwimmbäder mit Wellnessbereich sorgen dafür, dass sich die Eltern entspannen können. Der Zauberwald ist eine schöne Anlage von Rasen und Blumenflächen und eignet sich hervorragend für Spaziergänge. Zur Tea-Time trifft man sich in der gemütlichen Lounge am großen Kamin mit gut

sortierter Bibliothek. Eltern mit Kindern unter 10 Jahren wird nahe gelegt, im „Conservatory" zu speisen, um die anderen Gäste nicht zu stören. Dabei handelt es sich um ein eigenes Haus extra für Familien, wo vornehmlich die Mahlzeiten serviert werden. Für Eltern sehr entspannend, denn die Kinder dürfen vom Tisch aufstehen und in der Kaminecke spielen oder malen, bis das Essen serviert wird.
www.hunterhotels.com

$$$$

Hog Hollow Plettenberg Bay Country Lodge

Dieses liebevoll geführte kleine, feine Landhotel ist eine wunderbare Mischung aus edler Lodge und familiärer Atmosphäre. Alle Familiensuiten sind im „Cottage-Stil", schöne Bungalows mit Veranda, die einen grandiosen Blick ins Tal des Matjies River und die Tsitsikamma-Berge gewähren. Die Lounge im Erdgeschoss der Suiten besticht mit urgemütlicher Atmosphäre im afrikanischen Dekor, eigenem Kamin und individueller Einrichtung. Neue, modische Liegen dienen als Betten für die Kinder. Im lichtdurchfluteten Obergeschoß mit Elternschlafzimmer wurden die Badezimmer vollständig erneuert. Zur Begrüßung gibt es einen Drink am Pool, die Eigentümer Debbie und Andy Fermor haben selbst zwei Kinder und kümmern sich rührend um jede Gastfamilie, z.B. bei der Organisation von Ausflügen in die Umgebung. In dem kleinen, privaten Nature Reserve gibt es kurze Wander- und Joggerwege.

„Hang Loose". Auf der Veranda lädt eine Hängematte zur Entspannung in der warmen Sonne ein, während die Kinder die Affen beim Jungle Gym beobachten. (Aber Vorsicht. Oberstes Gebot im Umgang mit unseren nächsten Verwandten: Nicht füttern und alle Türen verschließen, sonst muss man sich auf ein schreckliches Chaos gefasst machen).

Abends treffen sich die Gäste zum Sundowner am Feuer und zum Dinner am großen Roundtable. Eigentlich ist es in Hog Hollow Tradition, dass alle Gäste an einer langen Tafel sitzen. Aber Familien mit kleinen Kindern dürfen auch gerne in dem separaten Raum nebenan ihre Mahlzeiten einnehmen. Exzellentes Preis-Leistungsverhältnis.

www.hog-hollow.com

★ FAMILIENFLÜSTERN ★

Sternstunden: Milkwood Manor on Sea

Allein die Lage unmittelbar an der Lagune, am Rande des Indischen Ozeans und direkt am Strand, zeichnet diese Unterkunft als einen Sternstunden-Ort aus. Kilometerlange Strände, grenzenlose Weite ohne Nachbarn, das Meer vor der Tür. Insgesamt ist die Anlage sehr gepflegt, extravagant ist der Pavillon mit Blick auf die sanft plätschernde Lagune und die sanft geschwungene Bergkette des Tsitsikamma Gebirges. Sternstunden für Honeymooners, die sich am Strand der Glückseligkeit mit Blick auf den Horizont das Ja-Wort geben.

Das Ambiente ist einfach zum Wohlfühlen, was wohl vor allem an dem super Service liegt, weltweit wird von allen Besuchern die professionelle Geschäftsleitung gelobt. Eine schöne Tradition ist es, dass man morgens auf den gesicherten Parkplätzen sein Auto frisch geputzt wiederfindet. Frisch auch die Seezunge und die anderen Köstlichkeiten, die in dem international preisgekrönten Restaurant „Lemongrass Seaside Restaurant" serviert werden und als ein „Plett Favorit" gilt. Fisch, Fleisch, Wiener Schnitzel für die Kids überzeugen genauso wie die guten Weine. Probieren Sie auf jeden Fall auch mal die köstliche Seezunge!

Die grossartige Lage zeichnet Milkwood Manor on Sea aus

Dort wird auch das reichhaltige Frühstück serviert, zusammen mit dem Licht der aufgehenden Sonne, ein „magischer Moment", oft sichtet man sogar Wale und Delfine in der Brandung der Bucht spielen oder sieht eines der stabilen Doppel-Kajaks, die in der Bucht für sicheres Schwimmen gratis benutzt werden können.

Die 11 Zimmer mit Balkon sind mit Sonnenliegen ausgestattet, hell, sauber und sehr schön eingerichtet und verfügen über einen traumhaften Blick auf die Bucht, man kann sogar Flamingos beobachten.

Das zuvorkommende, freundliche Personal an der Rezeption liest einem jeden Wunsch von den Lippen ab, sie organisieren Ausflüge und helfen auch in Notfällen mit kreativen Einfällen. „Rice my phone" war der Plan für mein ins Wasser gefallenes I-Phone, es in Reis zu trocknen, während den Jungs Wiener Schnitzel serviert wurde.

Kinder in der Pubertät? Kein Problem, das Internet funktioniert hier einwandfrei und auch ansonsten sind junge Urlauber bei einem umfangreichen Freizeitangebot hier gut aufgehoben, an diesem traumhaften Ort, von dem man abends einen phantastischen Sternenhimmel sehen kann. Ein Sternstundenort, der ein Komplett-Wohlfühlprogramm mit dem Rundum-Sorglos-Paket für Familien bietet: Weiterflüstern!

www.milkwoodmanor.co.za

$$$

Forever Resorts Aventura / Plettenberg Bay

Nur sechs Kilometer von Plettenberg entfernt liegt dieses wunderschöne Caravan & Camping Resort, direkt an den Ufern des Keurboomriver. Der beste Campingplatz am Ort ist unter den Einheimischen nur als der „Sie wissen schon, dieser Platz, den man von der N2 aus sehen kann" bekannt. Das Resort bietet 100 Caravan-Standplätze mit Stromanschluss, 21 Chalets für vier bis sechs Personen und acht Luxus-Log-Cabins, alle für Selbstversorger.

Vor dem Einchecken unbedingt noch alles Nötige aus dem nächsten Supermarkt in Plettenberg Bay mitbringen. Es befindet sich kein Restaurant auf dem Gelände. Dafür jede Menge Grillplätze. Mit vielen Freizeitaktivitäten, Wassersport, Angeln, Spielplatz, Trampolin und einem eigenen Kids-Club (www.4everclub.co.za) ist für alle Bedürfnisse von Jung und Alt gesorgt.

www.aventura.co.za

$$

Irma Krog

dieses geschmackvoll und liebevoll eingerichtete Bed & Breakfast ist schön für Familien, besonders wegen Irma; die ältere Dame ist unglaublich gastfreundlich und kinderlieb. 25 Maplin Drive.

irma.krog@gmail.com (über Airbnb auch zu finden)

TSITSIKAMMA NATIONAL PARK

Der Name bedeutet klares, sprudelndes Wasser. Der 650 km2 große Park mit grandioser Felsenküste beherbergt den 43 km langen Otter Trail, Südafrikas schönsten Wanderpfad. Die Tour dauert fünf Tage und führt durch eine Märchenlandschaft von Riesenfarnen, Kobolden, Elfengespinsten, über 11 Flüsse mit atemberaubenden Ausblicken auf den Indischen Ozean. Übernachtet wird in einfachen Holzhütten. Eher für größere Kinder zu empfehlen. Auf Grund der großen Nachfrage allerdings schon etwa ein Jahr im voraus ausgebucht. Für kleinere Kinder ist eher ein Spaziergang vom Parkplatz bis hin zur Suspension Bridge zu empfehlen.

www.sanparks.org

www.tsitsikamma.co.za

www.stormsriver.co.za

YUMMY

The Lookout Restaurant & Deck

Die beste Aussicht auf Strand und Bucht bei gutem Essen (verschiedene Menus, Big Brekkie und die Pint o´Prawns probieren).

www.gardenroute.co.za

www.gardenroute.com

www.lookout.co.za

Cornuti's Al Mare

Längst ist Plett nicht mehr nur für Pensionäre, sondern auch für junge Leute und Familien peppig. Und Cornuti ist zu Recht der absolute In-Italiener. Wunderschöne Art-Deko Einrichtung, und die Pizzen, Spagetti und natürlich der Cappuccino sind wirklich weltklasse und der kinderfreundliche Service spitze.

www.cornuti.co.za

Hemingways Restaurant (ehemals Mermaid's Slipper)

Ein Tipp, wo viele südafrikanische Familien hingehen, mit großem Outdoor Spielplatz, Kindermenü, Spielcenter und sehr gutem Essen. Außerhalb von Plettenberg Bay am Keurbooms River in Richtung Nature´s Valley direkt von der N2 zu erreichen.

www.hemingways.co.za

Amici Miei

Coffee Shop und italienisches, familienfreundliches Restaurant direkt im Zentrum an der Main Street.

www.amicimiei.co.za

The Table

schräg gegenüber das The Table, viele Familien, immer voll, und man kann nett draussen sitzen, gute Küche.

www.thetable.co.za

★ *Die Kleine Karoo*

Kleine Karoo-Route 62 Aktivitäten

Erinnern Sie sich noch an Nat King Coles Lied: „Get your kicks on route 66?". An jene berühmte Straße Amerikas, die von Chicago nach Los Angeles führt? Amerikas legendäre Lady hat eine kleine Schwester in Südafrika: Die Route 62, die Kapstadt, Oudtshoorn, die Garden Route und Port Elisabeth verbindet.
Wunderschöne Landschaften, bizarre Felsformationen, kristallklare Gewässer, eine Vielfalt an einheimischer Flora, dies alles trägt dazu bei, die Route 62 zu einer der schönsten Straßen am Westkap zu machen.

★ FAMILIENFLÜSTERN ★

Manche Kinder haben einen sehr empfindlichen Magen und ihnen wird bei den Serpentinen schnell übel. Wir hatten selbst das Malheur und raten deshalb, genügend frische Kleidung und Wasser griffbereit zu haben.

DIE HOT SPRINGS MINERALQUELLEN IN MONTAGU

Montagu ist das Tor zur Kleinen Karoo und bekannt für seinen „Mineral Pool von Avalon" sowie den guten Muskatellerwein. Mit seinem milden, trockenen Klima ist die Umgebung ideal zum Wandern, Moutainbiking, Reiten, Golf und Bergsteigen. Aber das Schönste, auch für Kinder, ist ein Bad unter freiem Himmel in den „Montagu Hot Springs". Die sieben Pools der 30 bis 42 Grad heißen Mineralquellen werden seit über 200 Jahren wegen ihrer heilenden Wirkung genutzt und sind ein Vergnügen für die ganze Familie. Es gibt ein Babybecken mit Wasserrutsche und eine schöne Liegewiese. Das Essen im Restaurant ist ok.

★ FAMILIENFLÜSTERN ★

Schwimmen im Mondlicht

Besonders schön ist es ab der Dämmerung. Dann ist es leerer, und Kinder können fernab vom Trubel des Tagesgeschäfts vorm Schlafengehen noch mal richtig entspannen. Zum Beispiel indem man sich von seinen Eltern auf dem Rücken liegend durchs Wasser ziehen lässt und dabei den schönen Sternenhimmel der Kleinen Karoo genießt. Schwimmen im Mondlicht ist nämlich eine Sache, die in der

Montagu-Tradition ganz groß geschrieben wird. Last but not least eine richtig romantische Erfahrung– nicht nur für die Kiddies. Öffnungszeiten: täglich, Tagesbesucher können die Einrichtung bis 23.00 Uhr nutzen.
www.montagu.co.za

OUDTSHOORN

Ein absolutes Muss für Kinder und Jugendliche ist Oudtshoorn. Mit circa 45.000 Einwohnern ist sie die Hauptstadt der Kleinen Karoo. Der Werdegang der „Weltstadt der Federn", die in den Boomjahren (1860 bis 1930) über 100.000 Strauße züchtete, ist in dem C.P. Nel Museum an der Hauptstraße ausführlich dokumentiert. Es zählt zu den besten Kleinstadt-Museen des Landes. Allerdings hat das Wirtschaftszentrum der Kleinen Karoo noch mehr zu bieten als die Bekanntschaft mit der größten Vogelart der Welt. Über die vielseitigen Freizeitangebote gibt es im Touristenbüro mehr zu erfahren.
www.oudtshoornguide.com

WILGEWANDEL HOLIDAY FARM

„Ferien auf dem Bauernhof" – mit vielen kinderfreundlichen Aktivitäten wie beispielsweise Kamelreiten, „Bumper Boats", Streichelzoo, Eselkutschen, Wandern, etc. Zwei Kilometer vor den Cango Caves. Preise: Eintritt frei, einzelne Aktivitäten kosten jeweils extra.
www.wilgewandel.co.za

Was für ein beeindruckender Augenblick

Besuch bei Vogel Strauss, dem grössten noch lebenden Laufvogel der Erde

DIE CANGO CAVES – TROPFSTEINHÖHLEN IN OUDTSHOORN

Die Cango Caves bei Oudtshoorn gehören zu den größten Tropfsteinhöhlen der Welt. Die bizarren und bunt beleuchteten Tropfsteingebilde in den weitverzweigten Höhlen sind auch für Kinder ein unvergessliches Abenteuer. Der Eingang der Cango Caves wurde schon zu Urzeiten von Buschmännern bewohnt, die auch die Wände mit Felsmalereien verzierten. Entdeckt wurde die Höhle im Jahre 1780, durch einen Hirten, der seinem entlaufenen Bock folgte. Mit kleinen Kindern ist auf jeden Fall die normale Führung zu empfehlen, die circa eine Stunde dauert. Wie auch die anderen Touristen bewundern sie die Schönheit dieser „Unterwelt“ und die zum Teil raffinierte Illumination. Besonders spannend für sie war der Moment, als der Ranger die komplette Beleuchtung ausschaltete, um zu zeigen, wie es in der Höhle vor 100 Jahren aussah: nämlich stockdunkel. Ohne tragbares Licht konnten die Bewohner der Vorzeit nicht weit in die Höhle eindringen. Nur Fledermäuse trauten sich in die Tiefe. Faszinierend für kleine Menschen sind auch die großen „Wachskerzen“. Gemeint sind die an den Decken herabhängenden Stalaktiten und die am Boden wachsenden Stalagmiten, die sich manchmal zu Stalagnaten, einer durchgehenden Tropfstein-Säule, verbinden. Die Scenic Adventure Tours führen

Entdeckt wurde die Höhle im Jahre 1780, durch einen Hirten, der seinem entlaufenen Bock folgte.

In der Höhle war es vor 100 Jahren stockdunkel

über 416 Stufen durch die atemberaubenden Kalksteinformationen, die teilweise 150.000 Jahre alt sind. Die engen Gänge der Tour sind nur etwas für körperlich fitte und normalgewichtige größere Kinder und Jugendliche. Die Cango Caves liegen etwa 30 Kilometer außerhalb von Oudtshoorn. Vergessen Sie nicht, die Trinkflaschen der Kinder mitzunehmen. Standard Tour: 9.00 bis16.00 Uhr immer zur vollen Stunde (ca. 60 Minuten). Adventure Tour: 9.30 bis15.30 Uhr immer zur halben Stunde (circa 90 Minuten).
www.cango-caves.co.za

CANGO WILDLIFE RANCH

Einzigartiges Erlebnis mit Raubkatzen und Krokodilen. Schön angelegte Wildlife-Ranch und Aufzuchtsstation für Raubkatzen. Es bietet die einmalige Möglichkeit, gegen Spende (Mindestbetrag vorgegeben) Geparden- und Löwenkindern einen Besuch im Freigehege (unter Aufsicht) abzustatten. Es gibt 47 Tierarten und verschiedene Attraktionen. Insgesamt ist die Ranch sehr familienfreundlich angelegt. Es gibt ein nettes Restaurant, wo Kinder Krokodilfleisch (Croco Nuggets) probieren können. (Und die schmecken, laut Zitat der kleinen Feinschmecker, „ja genau so wie Mc Nuggets", sprich zartes Hühnchenfleisch). Den „Croco-Drive", das Tauchen mit Krokodilen, in einem eigens dafür gefertigten Käfig, sollten aber erst größere Kinder ausprobieren.
www.cango.co.za

HIGHGATE OSTRICH SHOW FARM

Älteste Straußenfarm, wird in fünfter Generation von der Hooper-Familie betrieben. Auf der 90-minütigen Tour werden wirklich alle Vorgänge rund um den Vogel gezeigt: Interessantes über die Vogel-Aufzucht, die Präparation und Weiterverarbeitung von Straußenfedern und Straußeneiern. Außerdem gibt es jede Menge Accessoires aus dem strapazierfähigen Straußenleder zu bestaunen und zu kaufen. Wer sich traut, darf auch mal auf einem der imposanten Vögel reiten, oder bei einem Straußenrennen mit wetten. Im ehemaligen einzigartigen Wohnhaus der Familie von 1902, dem „Ostrich Palace", befindet sich heute ein gemütliches Restaurant. Hier werden seit über 30 Jahren Straußensteaks und andere Köstlichkeiten serviert.
www.highgate.co.za

SAFARI OSTRICH SHOW FARM

Die drittgrößte Straußen-Show-Farm in der Kleinen Karoo. Führungen werden hier auch in Deutsch angeboten. Es gibt auch umfassende Informationen zum Thema Strauße und Straußenprodukte.

www.safariostrich.co.za

SWEET DREAMS

$$$$

Inverdoorn Safari Lodge & Game Reserve

Nur zweieinhalb Stunden von Kapstadt entfernt eignet sich diese Safari Lodge in Ceres ideal als Tagesausflug von Kapstadt aus oder als Abstecher bei einem Aufenthalt in der Kleinen Karoo.

Tolle Landschaften, bizarre Felsformationen, kristallklare Gewässer, eine Vielfalt an einheimischer Flora.

Ausgezeichnet als die „best Safari in South Africa" bietet das 10.000 Hektar grosse Naturschutzgebiet ein erstklassiges Safari-Erlebnis, inklusive Pirschfahrten, luxuriösen Unterkünften und vielen Big 5 Tierbegegnungen. Besonderheit ist das Sichten des Cape Barbary Löwen sowie einen Spaziergang mit Giraffen. Mit viel Glück kann man sogar den nachtaktiven Leopard Cape entdecken. Eine ideale Erst-Safari für Kinder, die es lieben, oben auf dem Jeep zu sitzen und den hochmotivierten Rangern und ihren Anekdoten über Tiere zuzuhören.

Für Erwachsene ist es schön, in die für die Karoo Wüste typische Stimmung einzutauchen, Einsamkeit, wilde Kargheit und unglaubliche Blumen- und Tiervielfalt. Zudem gibt es hier viele Geparden zu sehen, das Western Cape Cheetah Conversation Programm setzt sich für die Rettung bedrohter Tiere ein.

Von der 5-Sterne-Ambassador-Suite über das 4-Sterne-Chalet bis hin zum mittleren Preissegment und dem einfachen Safari Camp Kuganha ist für jedes Familienbudget etwas dabei. Tipp: Wenn Sie ein Luxury Chalet nehmen ist eine Cheetah Begegnung inklusive.

Einziger Nachteil ist die Anreise über die 18 Kilometer lange Schotterstrasse, die man aber bei diesem Top Hotel mit gutem Service und exzellenter Küche gerne in Kauf nimmt.

www.inverdoorn.com

www.capecheetah.org

Aquila Private Reserve

Zweistündige Autofahrt von Kapstadt, klein aber oho ist diese gepflegte, sehr familienfreundliche Anlage. Big 5, viele Tiere aus nächster Nähe sind an den Wasserlöchern zu sehen, deshalb für Familien mit kleinen Kindern, die sich nur in der Nähe von Kapstadt aufhalten, ein echte Alternative zum Krüger Park. Grosse Auswahl an Zimmern, für Familien: Family Luxury Suites oder Family Luxury Cottages. Ebenso gross das Angebot an Safari Aktivitäten: Tagesausflug, Reitsafari, Quadbike, Combo, Overnight oder Fly In Safari.

www.aquilasafari.com

Das Kagga Kamma Private Game Reserve in Ceres

Fred Feuerstein und Barney Geröllheimer könnten in dieser bizarren Wüste zu Hause sein.

Im Süden der Cederberge, fernab der Zivilisation, erwarten Sie bizarre Felsformationen und eine spektakuläre Landschaft. Das dort gelegene Wildreservat war einst die Heimat der Buschmänner. Ihre Höhlenmalereien an den Felswänden-einige über 6.000 Jahre alt-, sind noch heute deutlich erkennbar. Beobachten Sie Streifengnus, Strauße, Zebras, Springböcke, Buntböcke und viele andere Antilopen-Arten, zu denen auch die gewaltige Eland-Antilope zählt.

Fred Feuerstein und Barney Geröllheimer könnten hier zu Hause sein. Dieses Bild taucht vor unserem geistigen Auge auf, als wir zum ersten Mal die originellen Häuser erblicken, die in dieser bizarren Wüste mitten in den Fels gehauen sind, wie im Steinzeitalter. Die Häuser, die sich „Bushmen Lodge" nennen, sind Zwei-Bett-Unterkünfte, in die Steine eingelassen. Besucher können sonst noch in den großzügigeren Chalets mit sechs-acht Schlafplätzen und mehreren Zimmern wohnen, die für größere Familien ideal sind. Schön für Kinder ist der abgeflachte Pool mit Liegewiese, umgeben von Felsen mit authentischen Malereien der Buschmänner, Dassies und Geckos, die sich auf den Steinen sonnen.

Zum Sonnenuntergang ist das Licht hier wunderschön, die rosa-violett Töne des Himmels heben sich wirkungsvoll gegen die sandsteinfarbenen Felsen ab.

Bei gutem Wetter gibt es ein „Booma", es wird in der „Lapa" nach afrikanischer Tradition gegrillt.. Dabei sitzen alle Gäste in einem kraalförmigen Kreis um ein offenes Feuer in der Mitte. Die Kinder, die nach diesem aufregenden Dinner noch nicht eingeschlafen sind, bekommen noch ein besonders Betthupferl. Einzigartig ist das Mini-Observatorium- inmitten der Anlage auf einem Hochplateau gelegen-, zur Sternenbeobachtung des phänomenalen Nachthimmels.

www.kaggakamma.co.za

$$$

Eight Bells Mountain Inn

Am Fuße des Robinson Pass, an der R 328 zwischen Oudtshoorn und Mossel Bay, liegt dieses Familien geführte Anwesen, von dem seit Generationen insbesondere die Südafrikaner schwärmen. Idyllisch in den Bergen gelegen, eignet sich dieses Drei-Sterne-Domizil für Alt und Jung, um sich fernab vom Trubel der Garden Route zu erholen. Großzügiges Terrain mit bezauberndem Garten und Blick auf die Berge. An den vielen freilaufenden Tieren wie Hunde, Katzen, Enten, Pferden, Hühnern haben Kinder ihre wahre Freude. Ebenso wie an dem Pool und dem Outdoor- Spielplatz mit einem alten Trecker, Ponyreiten und Fahrten mit dem Eselgespann. In der Werkstatt nebenan dürfen sich auch kleine Handwerker im Bau von einem Piratenschiff oder sonstigen Holzkunstwerken ausprobieren. Die Kinder haben ein eigenes Spielzimmer, wo sie zu ihrer großen Freude auch essen dürfen. Neben schönen Zimmern (ein separates Kinderzimmer) mit Terrasse zum Garten hin, gibt es auch Rondavels und Logcabins zu mieten.

Das Oak Room Restaurant bietet Lunch auf der herrlichen Gartenterrasse, zum Dinner gibt es ein hervorragendes À-la-carte-Menü mit passendem Wein aus der ausgezeichneten Weinliste.

www.eightbells.co.za

Fahrten im Eselgespann sind Traditon in Eight Bells

Avalon Springs / Montagu Luxury Hotel & Spa Resort

Moderne, sehr familienfreundliche Hotelanlage mit direktem Zugang zu den warmen Mineralquellenpools. Von 5 Sterne Kategorie bis Selbstversorger Apartments gibt es für jeden Geldbeutel etwas im Angebot. Kinder jeden Alters werden in dieser Ferienanlage ihr wahres Vergnügen haben. Trampolin, Jungle Gym, Sandkasten, Minigolfanlage und die neueste Attraktion, eine gigantische 60 Meter lange

Wasserrutsche „The Boomslang".
Auch für die ganz Kleinen gibt es zwei Wasserrutschen und ein Babypool. Bei Regenwetter gibt es sogar ein Spielzimmer, ausgestattet mit Video Game Arcade und zwei Poolbillard -Tischen.

www.avalonsprings.co.za

$$

B&B Amber Lagoon

Befindet sich in traumhafter Lage mitten in der Kleinen Karoo zwischen Oudtshoorn und Calitzdorp, umgeben von Straußenfarmen und Halbwüste, grüne Oase, familienfreundliche, deutsche Gastgeber. Open-Air-Restaurant mit gutem Straussenfleisch und Braai (Grillen im Freien).

www.amberlagoon.co.za

★ Das Eastern Cape

Eastern Cape Aktivitäten und Attraktionen

Sonne-Strand-Staub und Steine

Das Eastern Cape, entlang am Fish River bis zur Kouga Region und der Nelson Mandela Bay (Port Elizabeth), bietet dem Besucher vielfältige Möglichkeiten zum Entdecken. Geruhsame Pionierstädtchen, malariafreie Wildreservate und endlos lange Strände garantieren dem Reisenden neue Horizonte zum (Er)fahren und Genießen. St. Francis Bay bietet traumhafte Strände und Nationalparks wie den Addo Elephant Park in unmittelbarer Nähe. Das Ost-Kap, auch Madiba Provinz genannt, ist mit seinem großartigen Angebot an Sonne, Sport, Freizeit und Abenteuer kaum zu überbieten. Für Familien ist das Eastern Cape ein sehr empfehlenswertes, preiswertes Reisegebiet. Prima Klima und prima Preise = Prima Reise.

www.tourismus.de

GRAHAMSTOWN

In östlicher Richtung, etwa in der Mitte zwischen Porth Elisabeth und dem 300 Kilometer entfernten East London gelegen. Die „Stadt der Heiligen“ verfügt über viele schöne Kirchen und viktorianische Häuser. Im Juli findet in der netten Universitätsstadt das alljährliche Kunstfestival statt, dann verwandelt sich Grahamstown in eine große Bühne mit Freilufttheatern, Künstlern und Musik. Zudem findet ein Children's Arts Festival jährlich im Rahmen des National Arts Festival statt.

www.grahamstown.co.za

Mitten in einer Lichtung der Zuurberg Mountains gelegen, warten bereits die Elefanten und ihre Pfleger auf die Besucher

Phantastische Strände par excellence

★ FAMILIENFLÜSTERN ★

Elephant Back Safaris

Ein einmaliges Erlebnis für die ganze Familie am Fuße der Zuurberg Mountains. Anfahrt: von Port Elizabeth die Motherwell Road to Addo (R335),1,5 km vor dem Addo Park nach links abbiegen und dem Zuurberg Schild folgen. Die Location ist 34 km von der Abzweigung entfernt. Der Weg über die „Gravel Road" (Schotterpiste) ist etwas beschwerlich. Aber dafür bekommt man etwas ganz Besonderes geboten. Mitten in einer Lichtung der Zuurberg Mountains gelegen,

sehr ursprünglich und wild, warten bereits die Elefanten und ihre Pfleger auf die Besucher, um mit ihnen bis zur Wasserstelle zu spazieren. Diese circa 15 Minuten auf dem Rücken eines Elefanten zurückzulegen, so hoch oben auf diesem kratzigen, ungesattelten Rücken zu sitzen, alles in allem ist ein Ritt auf den grauen Riesen eine ganz schön wacklige Angelegenheit. An der Wasserstelle gibt es eine kleine Aussichtsterrasse, von der die grauen Kolosse beim Trinken beobachtet werden können. Den Rückweg tritt man zu Fuß gemeinsam mit den Elefanten an.

Schöner Abschluss für Kinder: Sie dürfen die Tiere noch ausgiebig selbst füttern, bevor es bei Walter noch eine kühle Erfrischung vor der Heimfahrt gibt. (Achtung: Ab und zu läuft Wild über die Straße).

Öffnungszeiten: Voranmeldung erbeten Walk/Ride/Lunch (ca.drei Std.) inkl. Wandern, Reiten, Mittagessen und Transfer bei Bedarf von Shamwari, Gorah, Woodall, Elephant House, Addo National Park.

www.addoelephantbacksafaris.co.za

KIRKWOOD

Die beschauliche, kleine Stadt liegt im Sundays River Valley und ist bekannt für ihre Zitrusplantagen und das alljährliche Wildlife Festival.

YUMMY:

Kronenhoff Restaurant

Seit 1912 ist dieses traditionsreiche Hotel für seine gemütliche Bar

und das gute Essen bekannt. Sehr nettes, kinderfreundliches Personal.
www.kronenhoff.co.za
www.nmbt.co.za

SWEET DREAMS

$$
Magnolia Guesthouse
komfortable, günstige, familienfreundliche Unterkunft, nette Familienzimmer, Garten, Bad, Kinderpool, Facilities für Selbstversorger mit Grillplatz, wasch-und Toilettenraüme, herzliche, holländische Familie.
www.mangolia.co.za
Port Elizabeth
Bereits 1488 entdeckte der Portugiese Bartolomeu Diaz an der weiten Algoa Bucht Port Elizabeth. P.E. ist heute mit rund 1,2 Mio. Einwohnern die fünftgrößte Stadt und der drittgrößte Hafen Südafrikas. Der wichtigste Industriezweig ist die Automobilindustrie, deshalb erdrücken hässliche Hochhäuser die historische City.
The Boardwalk Casino and Entertainment World
Die Restaurantgruppe Steers bietet Rave Burger und Junior Chips an.
www.boardwalk.co.za
Seaview Game & Lion Park
Westlich von Port Elizabeth liegt die schönere südliche Landstraße nach Sea View. In dem Tierpark gibt es über 40 Spezies zu beobachten, u. a. Kommodowarane, Erdhörnchen, Affen und vor allem den König der Tiere. Giraffen und Zebras laufen frei auf dem Gelände herum und blinzeln fotogen in die Kamera. Das Plateau bietet einen phantastischen Blick auf den Ozean. Auf der sonnigen Terrasse können Kinder ihr Eis essen und dabei Löwenbabys beobachten. Davon schwärmten unsere Kinder: Es gibt auch die Möglichkeit, die kleinen Löwen zu streicheln und mittels Milchflasche zu füttern.
www.seaviewpredatorpark.com
Jeffrey´s Bay
„Surfers Paradise" ist das Mekka der Surfer. Die „Supertubes" der hohen Wellen werden von Insidern in einem Atemzug mit denen Hawaiis genannt. Südlich des Ortskerns treffen sich die Sportler auch oft zu Wettkämpfen. Aber auch Familien zieht es oft in diesen eher verschlafenen Ort, der in erster Linie Ferienhaus-Siedlungen aufweist. An der Beach Promenade gibt es einen großen Spielplatz, Ca-

fés, Restaurants, Eisgeschäfte und am Strand schöne Muscheln zum Sammeln.

www.jeffreysbaytourism.org

SWEET DREAMS

$$$

Diaz 15

Familienfreundliches Hotel mit Pool und Seeblick, reichhaltiges Frühstück.

www.diaz15.co.za

Wavecrest Guest House

Sechs Doppelzimmer, sauber, gutes Frühstück

www.wavecrest.co.za

$$

Lombardini Game Farm

Bietet täglich zwei Game Drives im offenen Jeep an. Zu sehen gibt es sechzehn verschiedene Antilopenarten, weiße Rhinozerosse, Büffel, Giraffen und Zebras. Jede Menge Vogelarten wie den Blauen Kranich, Sekretär Vogel, Fischadler und viele andere kleinere Arten. Übernachtet wird in fünf luxury En suite Doppelzimmern.

www.lombardini.co.za

★ FAMILIENFLÜSTERN ★

Marina Martinique The Walskipper Restaurant

Einzigartige Lage direkt am Claptons Strand beim Marina Martinique Hafen zwischen Jeffrey's Bay und St. Francis. Seafood und South African Cuisine in sehr orginellem Ambiente. Herrlich entspannend für die Eltern. Die Kinder spielen an dem sauberen, unbebauten Strand. Wir würden aber dringend abraten, dort wegen der starken Strömung schwimmen zu gehen. Und raten Sie mal, wo die Haie für das Aquarium gefangen werden, das Sie wahrscheinlich gleich besuchen werden?

www.walskipper.co.za

DAS SHARK AQUARIUM

Kapitän Ahaab

Richtig spannend für Kinder, „echte, gefährliche" Haie zu beobachten, die ruhelos in den großen Bassins ihre Kreise ziehen, (zumindest

bis zur Fütterung, dann gibt es lautes Geplätscher). Die Meerestiere werden dort gehalten, bis sie an Aquarien in der ganzen Welt verkauft und anschließend dorthin verschifft werden. Befolgen Sie auf jeden Fall die Anweisungen, keine Tiere anzufassen. So ein Finger ist schneller ab als man denkt. An den Wänden hängen Dokumentationen, Zeitungsausschnitte und Photos, vor allem vom weißen Hai, und was allein so ein „Probe-Biss“ (Menschen stehen nämlich gar nicht auf dem Speisezettel von Haien), anrichten kann.
Toll auch die großen Manta-Rochen, die wie schwarze Engel durchs Wasser schweben und vorwitzig ihren Schabernack mit den kleinen Zuschauern treiben, wie ihre Kletterversuche, an den Wänden des Bassins hoch zu kriechen. Zum Abschied bekommt jedes Kind nach dem Besuch des Aquariums eine Ration Haizähne geschenkt.
www.marinamartinique.co.za
www.jeffreysbay.com

GRASMERE OSTRICHES STRAUSSENFARM

Im House of Strauss gibt es eine große Auswahl an Artikeln aus Straußenleder und jede Menge tolle Souvenirs zu kaufen. Direkt auf dem Weg nach St. Francis Bay auf Hinweisschilder achten.
www.grasmereostriches.com

ST. FRANCIS BAY

Benannt wurde diese idyllische Bucht, die 1575 erstmals von einem portugiesischen Seefahrer entdeckt wurde, nach dem Schutzpatron „Saint of Sailors“ St. Francis. Der Ort selbst hat viel Charme und liegt romantisch inmitten unberührter Natur. Die weißen, reetgedeckten oder im mediterranen Stil erbauten Häuser und Straßennamen erinnern an exklusive europäische Ferienorte wie Venedig und Sylt.
Und tatsächlich ist St. Francis Bay mit seinen mondänen Residenzen eine Spielwiese der Schönen und Reichen Südafrikas und aus Übersee. Krönung des Italien-Flairs sind die malerischen Wasserkanäle mit Häusern und Stegen auf dem Wasser, gern auch Klein-Venedig genannt. Durch ein geräumiges Kanalsystem, das sowohl mit dem Kromme River als auch dem Meer verbunden ist, entstand in den sechziger Jahren nach einer Vision des Zuckerbaron Leighton Hulett St. Francis Bay. Ob Geschäfte, Restaurants, Sehenswürdigkeiten, in St. Francis Bay ist jeder ganz und gar auf die Bedürfnisse von

Familien eingestellt. Wer mit (kleinen) Kindern reist, kann hier zu vernünftigen Preisen die Schönheit der Gegend genießen und von hier aus abwechslungsreiche Ausflüge starten.
www.portstfrancis.net

CAPE ST. FRANCIS HISTORIC LIGHTHOUSE

Mit sehr schönem Café, Restaurant, Kinderspielzimmer und Souvenir Shop. Der Leuchtturm kann nach Terminabsprache mit einer geführten Tour besichtigt werden. Die Stufen sind sehr steil und daher erst Kindern ab circa sechs Jahren zu empfehlen.
www.portstfrancis.net

CAFÉS UND RESTAURANTS

Rambling Rose Gift Shop & Tea Garden
Das Frühstück und auch der Mittagstisch (praktisch auch mal zum Mitnehmen) sind sehr gut. Toller Kinderspielplatz und eine nette Besitzerin, die Besucherkinder spontan zu den Kinderpartys, die dort öfter stattfinden, einlädt.
www.eatout.co.za

Joe Fish Seafood & Steak Restaurant
Super frischen Fisch, leckere Meeresfrüchte, Kindermenüs.
Cape St. Francis Resort, Da Gama Road
www.tripadvisor.de

Musselcracker Restaurant
Bietet ebenfalls hervorragenden Seafood sowie Gerichte für Kinder.
www.tripadvisor.de
Nebenan geht es direkt in die

Full Stop Bar
Guter Platz für einen Sundowner, manchmal auch mit Live Musik. Internationaler Surfer Hang Out seit 10 Jahren, viele bringen ihre Kinder einfach mit. Das Restaurant als auch die Bar liegen direkt neben der Seal Point Lodge & Backpackers.
www.dining-out.co.za

Bruce's Beauties
Für Surf Fans ebenfalls ein absoluter Highlightspot, nach dem legendären Surferfilm "Endless Summer" benannt. Panaghia Road, Cape St Francis.

Farol Bistro & Coffee Shop

Portugiesisches Bistro vom Feinsten mit eigenem Spielzimmer für die Kids und netter Terrasse. Ein bekannter Treff der einheimischen Familien, die mit einer Mahlzeit dann gleich das Shopping im Village Center verbinden.

www.tripadvisor.de

Port St. Francis

Port St. Francis ist eigentlich der ehemalige Fischereihafen, wird aber immer mehr bestimmt von der neuen Marina, von der man einen grandiosen Ausblick auf den Hafen hat. Die kleine, neu gebaute Waterfront mit Hotel und Ferienapartments sorgt mit Boutiquen für die nötige Abwechslung, und in den Restaurants lässt es sich überall wirklich sehr gut essen.

STRÄNDE ST. FRANCIS BAY

Main Beach

Schöner Strand, da die warmen Tidal Pools auch für kleinere Kinder geeignet sind. Manchmal verirrt sich ein Leoparden-Hai (sind ungefährlich) oder ein Tintenfisch in den Felsspalten. Sehr beliebt bei südafrikanischen Familien, mit denen man durch die Kinder schnell in Kontakt kommt.

Grannys Pool

Weiter Sandstrand, bewegtes Meer, wird deshalb viel von Familien und Surfern genutzt. Davon schwärmten unsere Kinder: zwei bis drei Jahre alte Kinder, die bei Daddy auf dem Surfbrett mitfahren wie alte Surf-Hasen.

Bruce´s Beauties

s. S.196, nur etwas für waschechte Surfer, die sich an diesem legendären Strand, benannt nach dem Surfer-Kultfilm „Endless Summer“ treffen.

The Cove

Liegt in dem Canal Village direkt am Kromme River Mouth. Ganz flaches Wasser mit schönem Blick auf die Lagune.

Cape St. Francis

Seal Point

In der Nähe vom Leuchtturm gibt es noch einen schönen Strand. Treffpunkt für Familien zum Sonnenuntergang.

www.stfrancisbay.co.za

★ FAMILIENFLÜSTERN ★

$$

Woodlands / Kenton on Sea Country Cottages

Diesen speziellen Ort dürfen Sie sich als Familie bei einem Besuch im Eastern Cape nicht entgehen lassen. Woodlands ist ein Geheimtipp für alle, die noch ein wenig an die Magie von Märchen glauben. Eine Miniaturausgabe des Tsistikamma Waldes, inklusiv all seiner tollen Tolkien-Geschichten von Kobolden, Elfen und verwunschenen Prinzen.

Von der Terrasse öffnet sich einem der Tropenwald: exotische Blumen und die dunkelgrüne Welt der Lianen.

Mittendrin in „Woodland", übersetzt Baumland, befinden sich die Unterkünfte für Familien, geräumige Holzhäuser mit Eltern- und Kinder-Schlafzimmer sowie einer voll ausgestatteten Küche. Die Outdoor-Badewanne, aber auch die ebenerdige Terrasse fanden wir am schönsten. Letztere eröffnet einem den Tropenwald pur: exotische Blumen wie Orchideen, Bougainvillea und die dunkelgrüne Welt der Lianen, Urwaldriesen und Schlingpflanzen, die herrlich duften. Näher kann man der Natur einfach nicht sein, fanden auch unsere Kinder. Und gingen gleich los auf die Suche nach Kobolden und Trollen. Magische Momente erlebten wir in diesem „Märchenwald", dessen verschlungene Wege als Wanderweg (ca. 20 Minuten, Trinkflaschen mitnehmen, für Krabbelkinder eine Trage, da der Weg steil ist) bis ans Steinufer von Kenton On Sea führen. Aber auch den wunderschönen Garten mit Kinderpool, Baumschaukeln, Hängematten aus Holz und Riesenfarnen fanden unsere Kinder richtig spannend, sie entdeckten „richtig eklige Spinnen", „fiese Käfer", „komische Vögel" wie die Ibisse, die laut ihr „Hadi Hadi Ha" schmettern, Schmetterlinge, Katzen, Hunde und alles, was sonst noch so kreucht und fleucht.

Wer kein Self Catering machen möchte: Die Mahlzeiten werden im Tea Room serviert, der gleichzeitig als Aufenthaltsraum, (Leseecke, Kids-TV, Kicker und ein kleines Touristen-

büro), dient. Tolle Nudelgerichte und andere Kinder-Essens-Träume wie ein großes Vanilleeis mit Schoko-Soße zaubert die Besitzerin auf den Tisch. Die Krönung: Selbst gemachte Karamellbonbons, ein süßes Abschiedsgeschenk von Bev an ihre kleinen Gäste, wenn diese wehmütig Woodland, das Land der Kobolde, verlassen.
www.accommodation-kenton.co.za

Woodall Farm / Addo Country House Boutique Hotel & Spa
Nur 45 Autominuten von Port Elizabeth entfernt auf einer gigantischen Citrus-Farm gelegen, gilt die Woodall Farm als eins der schönsten Gästehäuser im malariafreien Eastern Cape. Ganz in der Nähe der bekannten privaten Wildreservate wie Amakhala, Shamwari, Lalibela, Kwandwe und dem Addo National Park bieten sich dem Besucher eine große Vielfalt an Außenaktivitäten: Wellness & Spa, Gym und Swimmingpool. Es gibt auch 2 „Family Units", wo Familien mit Kindern hervorragend untergebracht sind.
www.woodall-addo.co.za

★ FAMILIENFLÜSTERN ★

The Elephant House / Addo Stable Cottages
Ca. 45 Minuten Autofahrt von Port Elizabeth auf der N2 Richtung Grahamstown, Ausfahrt links auf die R335 Richtung Motherwell/Addo, dann geradeaus durch die Ortschaft Addo in Richtung Elephant Park. Das Elephant House ist ca. 5 Km außerhalb des Ortes auf der linken Seite zu finden. „Out of Africa" Filmkulisse. Das ist der erste Eindruck, den man von diesem wunderschönen Ambiente im Kolonialstil bekommt. Gemütliche Plüschsofas, schwere Teppiche und überall efeu- und blumenbewachsene, geheimnisvolle Winkel.

DNA (Do Nothing At all)
Diese Oase zum Erholen ist ideal für junge Familien, die meist in den „Stable Cottages" wohnen. Das sind geräumige Häuser mit einem großem Raum für die Eltern, Kinderzimmer, Duschbad und Terrasse mit großem Garten. Davon schwärmten unsere Kinder: Für kleine Rennmäuse hat sich Clive Reed, Besitzer und Erfinder der Geheimformel DNA (Do Nothing at All), etwas Tolles ausgedacht. Im Garten gibt es einen Rennparcour und die in Südafrika für Kinder üblichen „Motorbikes", (Motorräder), dazu.
Der „Club Room" bietet die Möglichkeit, Video-Spiele, DvD's oder auch einen Laptop zu benutzen. Babysitter stehen auf Anfrage zur

Verfügung. Außerdem gibt es noch zwei Swimmingpools, sehr gutes Essen auch für Kinder, hervorragenden Wein und als Extra-Service des Hauses eine Gratis Massage- und Autowäsche. Ausflüge in den Addo Elephant Park werden mit einem eigenen Jeep vom Hotel aus organisiert.

www.elephanthouse.co.za

Darlington Lake Lodge / Addo

Am äußersten Nord-West-Ende des Addo Elephant Parks im Rücken der Zuurberg Moutains liegt die malariafreie Karoo Oase direkt am Darlington Staudamm See. Das mitten in der monotonen Mondlandschaft der Karoo Halbwüste gelegene Hotel hat auf den ersten Blick etwas Futuristisches. Allerdings ist die circa einstündige Fahrt dorthin ins Nowhere, durchweg Schotterpiste und vorbei an endlosen Farmen, für kleine Kinder sehr langweilig, es sei denn, sie interessieren sich für Schafe, Schafe und nochmals Schafe. Es gibt einen schönen Garten mit Pool, der aber nicht eingezäunt und somit für kleinere Kinder gefährlich ist. Das Restaurant ist mit seinem offenen Kamin und dem Kerzenlicht sehr gemütlich.

Angeboten werden Bootsfahrten auf dem See und Wildbeobachtungsfahrten im offenen Jeep, zu sehen gibt es einige Büffelarten sowie viele Vogelarten. Ca. zwei Std. Autofahrt von Port Elizabeth.

www.thegatheringplaceatdarlingtonlake.com

$$$

34 Lovemore Crescent / St. Francis Bed & Breakfast

Sehr liebevoll geführtes und gemütliches Plätzchen.

Mit direktem Ausblick vom Bett auf den Ocean und die Delfine.

Für Familien gibt es auch die Möglichkeit von Selbstversorgung.

www.airbnb.com

$$$$

The Dunes / St. Francis Bay Guest Farm

Dieses familienfreundliche 4-Sterne-Haus war einst ein altes „Cape Farmhouse“. Heute sind die Wände der Lounge mit alten Photographien aus dem Eastern Cape verschönert, der Speisesaal ist mit Stichen und Karten aus Südafrika dekoriert und die Holzfußböden, der offene Kamin und die großzügige Veranda strahlen ebenfalls koloniales Flair aus. Die eleganten Familienzimmer wurden um noch zwei weitere Familieneinheiten vergrößert und sind sehr geschmackvoll eingerichtet. Sie verfügen über jeglichen Komfort wie separaten Eingang, Fernsehen, DVD-Player, Getränke-Bar und eine eigene Veranda mit Blick auf den Garten. Die Badezimmer haben eine freistehende Art-Deko-Badewanne, Fliesen aus Marmor und Fußbodenheizung. Das 200 Hektar große Areal ist umgeben von einem wunderschönen Garten. Dort haben Kinder genug Platz zum Toben oder die Gelegenheit, sich mit Pony Penny, dem Hahn Ro oder den Affen, die ausgelassen in den Baumwipfeln wippen, anzufreunden. Eltern können unbedenklich an dem schönen Pool entspannen, denn es gibt einen extra Kinderpool für die Kleinen.

www.dunesstfrancis.com

Cape St. Francis Resort / St. Francis Bay

Von Caravan/Camping über Selbstversorger-Cottages bis hin zu Luxusapartments bietet dieses einmalige Areal mit direktem Strandzugang Erholung pur. Es gibt eine eigene „Park Off" Pub- Bar mit Großbild-TV und sehr schönem Außenbereich. Swimmingpool, Pool- Billard/ Spielzimmer und für Kinder „Motorbikes" (wie bei uns die Bobby Cars), sowie ein Restaurant und ein kleiner Shop für das Nötigste. Tennisplatz und Kinderspielplatz sind ebenfalls auf dem Gelände vorhanden. Für Selbstversorger wird ein Wäscherei-Service angeboten. „Man and Nature" als Einheit, man spürt an diesem Ort eine wundervolle Ruhe und Gelassenheit, umgeben von Dünen und dem Duft von frisch geschnittenem Heu, Pferdewiesen und der wilden Botanik des Küsten-Fynbos. Es werden auch tolle Ausflüge wie Ausritte in die Dünen oder Spaziergänge in das angrenzende Küstennaturschutzgebiet „Thula Moya", (Birdlife and wildlife) und natürlich St. Francis Bay mit seinen traumhaften Stränden und dem enormen Freizeitwert für Familien angeboten.

www.capestfrancis.co.za

PORT ELIZABETH

Schön für Familien sind die herrlichen Strände. Wer sich dort länger aufhält, sollte sich auch den Museumskomplex am Humewood Beach, den Leuchtturm, den alten Stadtpark St. Georges und die Insel Santa Cruz und seine Pinguin-Kolonie anschauen.

SWEET DREAMS

$$$

Marine Protea by Marriott

Direkt am Strand gelegen, typisch schön-familienfreundliches Protea-Hotel, teilweise grosse schöne Zimmer mit Meerblick.

www.booking.com

YUMMY

The Blue Waters Café

Liegt direkt am Marine Drive, schöner Blick über die Shark Rock Spier, Hobie Beach und den Indischen Ozean, exzellente Küche.

www.eatout.co.za

The Boardwalk Casino and Entertainment World

Marine Drive, Summerstrand

Die Restaurantgruppe Steers macht wirklich leckere Burger. Hit für Kids der Rave Burger mit Junior Chips. Der Kids Fun Park mit Minigolfplatz, Bumper Boat Fahrten und grossem Filmtheater sorgt für Spass. Das Video Arcade ist mit den neusten Computern und Simulationsspielen ausgestattet. Der Kids Corner ist ein beaufsichtigtes Spiel-Areal für Kinder von 18 Monaten bis sieben Jahren.

www.boardwalk.co.za

Herrlich entspannend für die Eltern. Die Kinder spielen an dem sauberen, unbebauten Strand.

Die Wildreservate

Wo wilde Tiere walken

Wenn Südafrika eine Schatztruhe voller Abenteuer ist, dann waren die Wildbeobachtungsfahrten für uns das größte Juwel.

Safari ist Suaheli und heißt Kleine Reise. Dass man kleine Kinder bereits mit großen Tieren konfrontieren kann, zeigen die malariafreien Big-Five-Privat Reservate und der Addo-Elephant National Park im Eastern Cape.

Spielplätze, Strände, Sehenswürdigkeiten kann man überall auf der Welt erleben. Aber wilde Tiere in ihrer natürlichen Umgebung in freier Wildbahn zu begegnen, ist einzigartig. Eben das „richtige" Afrika, mit seiner unnachahmlichen „Out of Africa" Romantik, das auch Kinder fasziniert: die unendliche Weite der Buschsavanne, staubige, rote Erde, den lieblichen Duft der Savannengräser und das Brüllen der Löwen aus der Ferne.

Das wichtigste Merkmal einer Safari ist die Begegnung mit wilden Tieren. Und denen begegnet man immer und überall. Was nach einem vierwöchigen Safariaufenthalt und circa 20 abenteuerlichen Game Drives dazu führte, dass unsere „Wild Childs" winzige Lebewesen leicht überheblich ignorierten. Fazit: Bis heute fürchten sich unsere Kinder mehr vor Spinnen und Ameisen als vor Afrikas gefährlichsten Geschöpfen.

Going on Safari war für uns eine „Life-time experience", die sich in

Giraffen sind friedliche Tiere. Aufgrund ihrer Körpergrösse und ihrer langen Beine ziehen sie es vor, die Flucht zu ergreifen

unsere Herzen eingebrannt hat und von der noch heute alle Familienmitglieder zehren. Noch immer erleben wir in den häufigen Erzählungen und den Spielen der Kinder, wie lange das Afrika-Abenteuer lebendig bleibt.
Deshalb möchten wir auch allen empfehlen, die Wild Safaris möglichst weit ans Ende einer Südafrika Reise zu legen. Denn dieses einmalige Lebens- und Hochgefühl nimmt dann jeder Reisende noch sehr authentisch und frisch mit nach Hause.

NATIONALPARKS UND NATURRESERVATE

Südafrika verfügt über die bestorganisiertesten Tierparks der Welt. Dementsprechend sind die Camps auch mit allem ausgestattet, was das Leben annehmlich macht. Beinahe alle Nationalparks und Reservate verfügen über gut ausgestattete Rundhütten (Rondavels) mit Kochgelegenheit, normale Hütten (Cabins) und /oder gehobene Chalets mit zwei/vier/sechs Betten: Buchungen über South Africa National Parks in Pretoria.
reservations@parks-sa.co.za
Unbedingt nach der Wild Card erkundigen, sie ermöglicht ermäßigten, fast unbegrenzten Zugang zu allen National Parks (SANParks) und Nature Reserves.

ADDO Elephant National Park

Neuerdings kann sich der ursprüngliche Vorzeigepark der grauen Riesen auch mit den Big Five (Elefant, Nashorn, Büffel, Leopard und Löwe) rühmen und legt sogar noch zwei Tierarten drauf, nämlich

den Weißen Hai und den Wal (Big Seven).
Das National Park Gelände erstreckt sich jetzt von der Küste bis hoch zum Darlington Lake in die Karoo herein. Neben der großen Zahl von Elefanten gibt es aber auch noch viele andere Tierarten zu beobachten wie z.B. Zebras, Flusspferde, viele Antilopenarten und der einzige flugunfähige Mistkäfer des Landes. Ganz in der Tradition des weltweit wachsenden Eco-Tourismus bietet der Addo National Park neuerdings auch Eco-Safaris an. Der malariafreie Park liegt eine knappe Autostunde von Port Elisabeth entfernt und ist auch mit dem eigenen Fahrzeug gut zu erkunden. Und in einem von Elefanten umkreisten zu sitzen, ist gerade für die Kleinen etwas ganz Besonderes. Es gibt auch geführte Pirschfahrten und Wanderungen direkt vor Ort bei der Park-Rezeption zu reservieren und zu buchen. Zur Beobachtung nachtaktiver Tiere werden ebenfalls von den Park-Rangern geführte Touren angeboten. Im Hauptcamp gibt es einen Swimmingpool, ein Restaurant und einen Souvenirladen mit öffentlichem Fernsprecher. Der Minimarkt bietet das Nötigste für Selbstversorger, und es gibt sogar eine Tankstelle.

★ FAMILIENFLÜSTERN ★

Während der Hauptsaison unbedingt reservieren, da der Park dann auch sehr stark von südafrikanischen Familien frequentiert wird. Insgesamt stehen 61 Wohneinheiten zur Verfügung. Safari–Zelte, Chalets und Cottages/Rondavels. Extra für Familien ausgestattet ist das Family Chalet No. 16. Die Übernachtungen in den staatlichen

Familien lieben den besonders schönen Blick in die Wildnis bei der Hlosi Game Lodge

Die tapsigen Giraffenbabies sind auch bei Kids Sympathieträger

Nationalparks, in preiswerten, komfortablen Rondavels, Safari Tents oder Chalets, sind gegenüber den Privaten Wildreservaten wesentlich preiswerter.
Der Besucher muss sich streng an die vorgeschriebenen Verhaltensregeln und Fahrrouten halten. Während einer Safari sollte man unbedingt berücksichtigen, dass das Verlassen des Fahrzeugs in Naturschutzgebieten verboten und lebensgefährlich ist. (Siehe Safari-Regeln, Kapitel Sicher vom Scheitel bis zur Sohle).
www.sanparks.org
www.addoelephantpark.com

SWEET DREAMS

$$$$$

Kuzuko Lodge
Super Stopp für betuchte Familien, herrlich gelegen auf einem Hügel mit unverbautem Blick auf die Karoo Pleins und den Zuurberg, ausgezeichnet als sehr familienfreundlich, 24 luxuriöse Chalets, teils mit perfektem Panoramablick über das Tal bis hin zu einem Wasserloch. Allerdings mit über 40 Kilometer Sand und Schotterpiste ohne Geländewagen etwas strapaziös zu erreichen.
www.kuzuku.co.za

Riverbend Lodge
Diese schöne Lodge am Addo Elefant Park ist eine 1A Unterkunft in Punkto Essen, Service, Gast- und Kinderfreundlichkeit. Familien wohnen in hübschen, kapholländischen Häusern, mit Terrasse und Blick auf die Wildnis. Die großzügig geschnittenen Räume beherbergen ein Eltern- und ein Kinderzimmer mit eigenem Bad-dazu allen erdenklichen Luxus. Es gibt einen Babysitterservice, Spielzimmer mit Garten, Kindermenü und diverse Aktivitäten für die Kleinen (wie z. B. Plätzchen backen oder Tiermasken basteln). Der Pool ist gesichert. Das gesamte Gelände wird vom Addo Elephant Park mit in die Pirschfahrten einbezogen, so dass Besucher auch das komplette Big 5-Erlebnis genießen können.
www.riverbendlodge.co.za

Shamwari Privat Game Reserve / Long Lee Manor House/Riverdene Family Lodge
Shamwari ist eine der ältesten Privat-Wildreservate am Kap und liegt nicht weit entfernt von Port Elizabeth. Sehr exklusiv mit amerikani-

schem Management-Style. Motto: Bloß nichts dem Zufall überlassen, alles ist total durchorganisiert. Das Long Lee Manor Haus ist eine ideale Lodge für Familien mit Kindern unter 12 Jahren. Es gibt eine Family Suite und vier weitere Zimmer mit Verbindungstüren. Babybetten stehen zur Verfügung und auch ein Babysitter Service. Für Familien zu empfehlen ist ebenso die Riverdene Family Lodge, ein elegantes Homestead, das optimalen Komfort bietet und mit einer unvergesslichen Familiensafari kombiniert ist. Man hat die Auswahl zwischen neun luxuriösen Zimmern und sechs 2-Bett-Luxus-Suiten sowie drei 2 Bett-Luxus-Zimmer mit zusätzlicher Schlafcouch.
Zum Game Drive sind erst Kinder ab sieben Jahren zugelassen. Für die kleineren Gäste werden aber separate Game Drives angeboten und können jeweils mit dem persönlichen Ranger abgesprochen werden.

www.shamwari.com

Hlosi Game Lodge

Diese 5-Sterne Luxus Private Lodge bietet "Out of Africa" Feeling pur. Schon beim Anblick von weitem fühlt sich der Besucher wie in die Kolonial-Zeit versetzt. Hlosi hat eine Privat-Konzession für das komplette Amakhala Gelände. Dadurch hat der Besucher eine große Chance jede Menge Tiere zu sehen. Familien wohnen in Rondavels-Chalets mit toller Terrasse und einen unvergleichlichen Blick auf die Wildnis. Unsere Kinder liebten den Whirlpool und die Outdoor Dusche und die zahmen Several-Cats zum Streicheln.

Wer wilde Tiere sehen will, muss wirklich mit den Hühnern aufstehen.

19.30 Uhr Dinner. Für die Kinder gibt's Tomatensuppe und ein Tarzan-Video. Die Erwachsenen essen Tandoori-Chicken und erzählen vom Game Drive und den vielen Begegnungen mit den Wildtieren.

5.30 Uhr Early-morning-Game Drive. Zugegeben. Keine kinderfreundliche Zeit. Aber die Regel bei den Safaris ist: Wer wilde Tiere sehen will, muss wirklich mit den Hühnern aufstehen. Deshalb ist es ratsam, mit kleinen Kindern mindestens zwei Nächte zu buchen. Nicht nur wegen der Eingewöhnung, sondern auch wegen einer gerechten „Parents-Time-Share". In unserem Fall waren Papa und der

Große die Frühaufsteher.
8.00 Uhr „Warzenschweine zum Frühstück“
Mama bleibt mit dem kleineren Bruder in der Lodge. Koch Dennis bringt Frühstück (Eier mit Schinkenspeck) auf die Terrasse, als wir plötzlich die Warzenschweine bemerken, die mit ihren wie Antennen aufgestellten Schwänzen schnell das Weite suchen.
11.00 Uhr: Nach dem Game Drive genießt Gérard sein spätes Outdoor-Frühstück auf der Aussichtsplattform mit Blick in die Wildnis, während ich mit den Kindern auf der Sonnenliege relaxe. Der Pool in Hlosi ist herrlich ursprünglich, in Felsen gehauen und mit vielen losen Steinen ein toller Spielplatz für die Kinder.
www.hlosilodge.com

Blaauwbosch Private Game Reserve

Sehr schön gelegenes Areal im Herzen der malariafreien „Foothills“. Die Privat Lodge ist großzügig angelegt und bietet die Big 5. Von der Terrasse aus bietet sich dem Besucher ein phantastischer Panoramablick auf die Winterhoek Bergkette in der Ferne der Karoo. Stilvoll eingerichtete Chalets mit eigenem Kinderzimmer und separatem Bad mit freistehender Badewanne bieten höchsten Komfort auch für Familien. Die Game Drives in diesem sehr abwechslungsreichen Gebiet machen viel Spaß. Allerdings ist das Gelände oft sehr unwegsam und mit äußerst holprigen Fahrten muss gerechnet werden. Eine Blaauwbosch Spezialität ist die –„African wildlife Walk and Stalk“ Safari. Höhepunkt dieser aufregenden Wanderung ist, aus nächster Nähe mitzuerleben, wie Geparden in ihrer typischen Gangart „walken and

Die Game Drives in Blaauwbosch bieten einen tollen Panoramablick auf die Karroo

Der Eland, oder auch gerne Elan Antilope genannt, ist eine grosse, bulligere Antilopenart mit charakteristisch engen, gedrehten Hörnern

stalken". Mit viel Glück kann man sogar die eleganten Großwildkatzen beim Jagen, beim so genannten „Kill" beobachten.

www.afrikasafaris.de

Lalibela - Game Reserve / Marks Camp/

Die Kinder lieben bereits den Namen: La-li-bela trällern sie fröhlich bei unserer Ankunft. Es gibt viele andere Kinder und Eltern, die den leichten Lunch als Willkommen Gruß genießen. Mit dem Jeep geht es zu „Marks Camp". Große Tierköpfe verzieren die Wände der Lounge und Bar, gewaltige Masken und ellenlange Speere lassen die Herzen „kleiner Krieger" höher schlagen. Im afrikanischen Design sind auch die Rundhütten eingerichtet, in denen Familien mit abgetrenntem Kinderschlafzimmer viel Platz haben.

Die Terrasse mit Blick auf die Wildnis und ein Wasserloch sind einmalig. Schräg gegenüber befindet sich das Spielzimmerhaus, wo die Kleinen schnell mal selbstständig herüberhuschen können. Da die gefährlichen Tiere in einem anderen Gebiet untergebracht sind, kann sich jeder Besucher auf dem Gelände frei bewegen.

Dinner: Die Kinder essen etwas früher (Spaghetti und Marshmellows am offenen Kamin, während die Erwachsenen ihren Sundowner (oder auch zwei, Getränke sind hier inkl.) genießen.

One. Two. Three. Space: Höhepunkt dieses Abends sind die Zulu-Tänzer, mit denen die Touristen, ob klein oder groß, gemeinsam trommeln, tanzen und singen. Das begeistert vor allem die Kinder, die kleinere Trommeln bekommen, schnell den Rhythmus auf schnappen und mit großen Augen staunen, wie die mit Fell bekleide-

Geparden wurden bereits im alten Ägypten zu Jagdhunden gezüchtet ten Zulus im Schein des Mondlichts ums Lagerfeuer tanzen. Danach geht es mit den Nannis ins Spielzimmer oder ins Bett. Und für die Eltern endlich kinderfreie Zone bei Kerzenlicht.

Mini-Safari

Gönnen Sie sich eine Auszeit, wenn die Kleinen noch schlafen, oder ein Elternteil mit den Großen frühmorgens auf Safari ist. Machen Sie es sich auf dem Balkon gemütlich und genießen Sie eine Mini-Safari: Beobachten und hören Sie, wie der Busch erwacht: Das Summen der Bienen, das Zirpen und Zwitschern der Vögel, grasende Zebras auf der Bergkette, die Formationen der Wolken, das Kreisen der Adler am Himmel auf Beutejagd, die kämpfenden Ameisen und der einmalige Duft der Fynbos Pflanzen.

Family Suites beinhalten bei Erwachsenen: Unterkunft, alle Speisen, alle Getränke und zwei Game Drives. Bei Kindern: Unterkunft, alle Mahlzeiten, alle Soft Drinks und Kinderprogramm.

www.lalibela.co.za

★ FAMILIENFLÜSTERN ★

Kariega Game Reserve / Main Lodge
„Welcome Kids“

Seit 1989 in Familienbesitz der charmanten Rushmere Familie, das 10.000 Hektar grosse Gelände bietet sehr familientaugliche, schöne Unterkünfte zum Weiterflüstern.

Die Main Lodge besteht aus 24 geräumigen Holz-Häusern, Log-Chalets mit Blick auf das Kariega-Flusstal die alle sehr geschmackvoll eingerichtet sind, mit mehreren Schlafzimmern, Bädern und einer großen Terrasse mit schöner Aussicht. Ideal auch für Kinder ab Schulalter sowie Jugendliche. Die exklusive Unterkunft, das Homestead (das ehemalige Farmhaus) ist komplett zu buchen mit eigenem Personal (für max. 10 Erwachsene & Kinder mit eigenem Spielzimmer). Die Ukhozi und River Lodges bestehen aus je 10 Luxussuiten mit privatem Pool und Panoramadeck, ebenso das Settlers Drift, bestehend aus neun grossen Zelt-Suiten (110 Quadratmeter), mit einem geschmackvoll ausgestatteten Schlaf- und Wohnbereich mit Blick auf das River Bushman Tal.

Das Restaurant mit Kids-Menü, Kinderstühlen und Essen vom Buffet heissen die Kleinen ebenso willkommen wie das Schwimmbad, das mit einem Babypool ausgestattet ist, der Blick auf den wilden Fynbos

und die Umgebung ist einzigartig schön.
Und die Safaris? Es gibt zwar keine separaten Familien-Safari-Fahrten, aber Tiere gibt es sehr viele zu sehen, und auch die Big 5. Safari-Romantik wird auch bei der morgendlichen Flusskreuzfahrt mit der „Kariega Queen" auf dem Fluss Kariega geboten. Dabei lassen sich die Natur und die wunderschöne Welt der Tiere entlang des Flusses einzigartig gut beobachten. (Preise: Saisonabhängig, Kinder unter drei Jahren zahlen nichts, Kinder unter 12 Jahren zahlen 50%).
www.kariega.co.za

Das Amakhala Game Reserve / Leeuwenbosch Country

Das 14.000 Hektar große Amakhala Wildreservat liegt nur 45 Minuten östlich von Port Elizabeth im Herzen vom Eastern Cape und ist für Besucher bequem über die N2 zu erreichen.
Vor circa fünf Generationen ließen sich hier am Ostkap Schaf- und Rinderzüchter nieder und noch heute wird das malariafreie „Big 5" Safari-Erlebnis von deren Nachkommen geführt. In dem privaten Wildreservat gibt es eine atemberaubende Landschaft und eine opulente Tierwelt. Löwen, Elefanten, Nashörner, Büffel, Geparden, Giraffen, Zebras, viele Antilopenarten und Fischadler. Buschwanderungen, Boots- und Kanufahrten auf dem Bushman-Fluss sowie Mountainbike, Reiten, der Besuch eines prähistorischen

Das 14.000 Hektar große Amakhala Wildreservat liegt nur 45 Minuten östlich von Port Elizabeth.

Sundowner am Bushmans River. Von einem Plateau aus genießen wir den „Jenseits von Africa" Blick über unendliche Weiten

Bushman-Friedhofs sowie Fossilienfunde von Dinosauriern werden angeboten.

Die Farm Leeuwenbosch ist ein ideales Fleckchen Erde für Wildbeobachtung und zur Entspannung. Das koloniale Herrenhaus, 1908 erbaut, verfügt über vier Zimmer mit eigenen Bädern (zwei davon sind luxuriöse Suiten), und liegt in einem wunderschönen Garten mit heimischem Pflanzenwuchs. Das „Country House" ist ganz auf Familien ausgerichtet, mit zwei Familien-Suiten und Kinderprogramm. Zur Begrüßung bekommen die Kinder ein „Welcome Pack", Rucksäcke mit Malstiften, Süßigkeiten und weiteren Überraschungen. Unser Zimmer mit separatem Kinderzimmer ist liebevoll eingerichtet.

Abends warten Beatrix Potter Bücher und das Betthupferl, Kekse und heiße Milch, auf die müden Entdecker, die sich tagsüber am Pool (gesichert), Jungle Gym, Trampolin und Schaukel richtig austoben können.Weitere Aktivitäten, die das Kinderprogramm anbietet, ist ein Besuch eines traditionellen Xhosa Dorfes.

Das Dorf selbst ist auf jeden Fall einen Besuch wert, da die Häuser authentisch sind. Blumentöpfe vor dem Hauseingang, bunt bemalt und ordentlich aufgereiht, erinnern an deutsche Vorgärten- wäre da nicht der geschmückte Büffelkopf, dessen Federn im Wind flattern. Und wären da nicht die Dorfbewohner, die uns in ihrer Xhosa-Tracht herzlich begrüßen. Die Kinder, aufgereiht wie die Orgelpfeifen, lächeln scheu, die Alten beginnen in ihrer Tradition für uns zu tanzen und zu singen. Große Freude kommt auf, als Léon spontan einem

Der Several stammt aus der südlichen Sahara und hat die längsten Ohren jeder Katzenart

Die Zulu-Tänzer begeistern vor allem Kinder

kleinen Jungen sein Ferrari-Cap schenkt.
Auf dem Rückweg lädt der „Educational Nature Walk" die kleinen Forscher dazu ein, mehr über die hiesige Pflanzen- und Tierwelt zu erfahren. Fußspuren im Sand werden gelesen, Federn, Blumen, Steine und Stöcke gesammelt, um morgen etwas daraus zu basteln.
Das Abendbrot für die Kinder ist bereits um 19.00 Uhr. Danach geht es unter Jubelschreien mit der Babysitterin Jackie ins Familienzimmer zum Video schauen, während die Eltern das hervorragende Dinner bei Kerzenschein genießen. Und wer will kann sich bei einem Absacker noch den legendären, hauseigenen Pub anschauen, ein Unikum, wo die Wände Geschichten von fünf Generationen erzählen könnten.

Das private Wildreservat Amakhala bietet eine atemberaubende Landschaft und eine opulente Tierwelt.

Gutes Preisleistungsverhältnis, beinhaltet Unterkunft, alle Mahlzeiten und zwei Aktivitäten pro Tag (z. B. Wildfahrt, Bootsfahrt, Kanufahrt, begleitete Wanderung oder Nachtfahrten). Kinder unter 12 Jahren zahlen 50%.
www.amakhala.co.za

Das Amakhala Game Reserve / Reed Valley Inn

„Vor 15 Millionen Jahren war hier noch alles Meer" berichtet der junge Mann, als wir am späten Nachmittag zum Game Drive losfahren. Verpassen Sie auf keinen Fall die tollen Wildbeobachtungsfahrten mit Ranger Richie.
Der Jeep, mit Sonnendeck, Regencapes, Sicherheitsgurten ausgestattet, erweist sich als kindertauglich und sucht sich seinen Weg durch das sandige Terrain. Rechts und links der Fahrrinne dichtes Buschland, Kakteen und riesige, fächerförmige Aloen.
Plötzlich steht einer der grauen Dickhäuter direkt vor uns. „Norman" heißt der alte Einzelgänger-Elefant, dem ständig Flüssigkeit die säulenartigen Beine herunter läuft. "Zu viel Testosteron" erklärt Richie. Aber ist es dann ratsam, so nah heranzufahren, Aug in Auge mit ihm und seinen gewaltigen Stoßzähnen? Auf jeden Fall sehr beruhigend, dass der Ranger schon mal den Rückwärtsgang eingelegt hat. „Mama, guck mal, der macht..." rufen die Kinder, als Mr. Norman sein „großes Geschäft" geräuschvoll fallen lässt. „Elefant Puppú" er-

klärt Richie und die Kinder lieben dieses Wort.
„Giraffenpups und Graupenschauer“ albern sie rum, während wir Eltern uns auf dieser Safari-Reise noch öfters wundern werden: Die „Wer hat mir auf den Kopf gemacht“, Geschichten scheinen für die Kleinsten das Allergrößte zu sein, viel interessanter als für uns Erwachsene die phantastische Tierwelt. Und das in allen Formen und Farben.
Nur einen Meter vom Jeep entfernt hinterlässt ein Nashorn sein faustgroßes Geschäft. Dazwischen ein kleiner Skarabäus Käfer, der eine riesige Kugel Tierdung vor sich herrollt. Außerdem sehen wir Zebras, Springböcke, Impala-Antilopen, die mit ihrer M-Fellmarkierung auf dem Hinterteil von den Rangern spöttisch „Fast Food of the bush“ genannt werden.
Sundowner am Bushmans River. Von einem Plateau aus genießen wir den „Jenseits von Afrika“ Blick über unendliche Weiten. Wenig später, noch immer im tollen Licht der Abenddämmerung, ein weiteres Highlight, eine Begegnung mit dem „absoluten Lieblingstier“ unseres Erstgeborenen. Eine junge Geparden-Dame, die offensichtlich mit Léon „flirtet“ und fotogen in die Kamera „lächelt“. Die Wildtiere sind so an die Autos gewöhnt, dass sie Touristen großzügig gewähren lassen. Auf dem Rückweg sehen wir noch zwei weitere Geparden, die sich an einer gerade gerissenen Antilope satt fressen. Worauf unsere Kids jammern: „Cheetah, gib uns bitte auch was ab, wir haben Hunger.“ Jetzt aber schnell zurück zur Lodge, denn es ist bereits 18.30 Uhr und schon stockdunkel schmunzeln wir alle und sind dankbar

„Das Nashorn ist ja ganz schmutzig, das braucht ja eine Badewanne“ empört sich Lennox über die Rhinozerosse für diese schönen Safari-Stunden, die wir hier als Familie geboten bekommen.

Unterkunft:

➤ Unser „en suite country-style room" ist ein großes Familienzimmer mit Himmelbett und schönen, antiken Möbeln. Der separate Eingang führt auf einen kleinen Patio mit Plätscherbrunnen. Gleich daneben das Schwimmbad, das man durch ein herrliches Blumenportal von Rosen betritt. Sehr romantisch ist auch das Bush-Booma Dinner auf der Terrasse bei Sternenhimmel. Mit einem 3-Gänge Menü werden Gästen aus aller Welt typisch südafrikanische Gerichte serviert. Wer möchte, kann noch bei David in dem „Classic Pub" einen Absacker bekommen. Immer mit von der Partie sind die netten Eigentümer der Lodge, Tracy & Rod, die dieses idyllische Familiendomizil, umringt von endlosen Wiesen und schöner Natur, geschaffen haben.
Preise: Saisonabhängig, beinhalten Unterkunft, alle Mahlzeiten und zwei Aktivitäten pro Tag, z.B. Wildfahrt, Bootsfahrt, Kanufahrt, begleitete Wanderung oder Nachtfahrten. (Kinder unter 12 Jahren zahlen 50%).
www.amakhala.co.za

Das Kwandwe Privat Game Reserve

In ihren exklusiven Lodges zaubert Kwandwe ein Lächeln auf jedes Kindergesicht, das nicht mehr so schnell verschwindet. So wirbt diese Lodge mit ihren unvergesslichen Familiensafaris. Können sie ihrem Ruf gerecht werden? fragten wir uns und machen uns auf den Weg zum Kwandwe Privat Reserve bei Grahamstown.
Der Geheimtipp für reiselustige Eltern, die schon mit den Allerkleinsten auf große Safari gehen möchten. Bis vor kurzem noch so gut wie einmalig in Südafrika, da es normalerweise bei den Game Drives eine Altersbeschränkung ab sechs Jahren gibt.
In dem Privat Game Reserve in der malariafreien Region des Eas-

tern Cape wird in einem Gebiet von der doppelten Größe Liechtensteins einer begrenzten Gästeschar die Ansiedlung von mehr als 7500 Tieren, inklusive der Big 5, in der wiederhergestellten unberührten Wildnis präsentiert.

Mit der Familiensafari haben sie eine Entdeckungsreise zusammengestellt, bei der man Ihnen durch ein breitgefächertes Angebot Naturschutz mit dem Zauber von Afrika sehr lebendig nahe bringt. Die faszinierenden und unterhaltsamen Aktivitäten sind Familien-Game-Drives, kindergerechte bush walks (Spaziergänge im Busch), Safari Malbücher, Zeichentrickfilme, Pooh walks, (Kinder lernen, Fährten und Spuren von wilden Tieren zu lesen und zu unterscheiden), Kinder-Angeln, Froschsafaris, Expeditionen mit selbst hergestellten Holzbarken, Besuch in einer Werkstatt, um die Reparaturen an den Landrovers zu beobachten, Papier selbst recyceln, mit dem Küchenchef Plätzchen backen. Beim „Booma" haben die Kinder ihr eigenes Tischgedeck und eigenes Feuer, um Marshmallows über der Holzkohle zu grillen- natürlich immer unter der Aufsicht eines Rangers.

An der Rezeption, Heatherton Towers, im Main House, werden wir freundlich mit Zitronenlimonade und Cookies begrüßt. Die Schießstände erinnern noch heute daran, dass sich 1829 hier eine Festung der Pioniere befand. In dem schönen Geschenkshop, spezialisiert auf Safarisachen und einer große Auswahl an Xhosa Produkten, stauben unsere Süßen mal wieder ein Kuscheltier ab. Zudem gibt es einen Rucksack, der einen speziellen Öko-Führer enthält. Mit Geschich-

Neben den Safaris gibt es noch tolle Ausflüge für Familien, wie ein Picknick am Fish River Canon

Sundowner-Time! Der Ranger packt Soft-Drinks, Weinflaschen, Obst und Knabbergebäck aus

ten, Rätseln, einer Fibel und Tipps zum Spurenlesen. Die Ranger begleiten die Kids beim Sammeln von exotischen Schoten, Federn, Käfern und Blättern und bringen ihnen bei, die verschiedenen Tierarten zu unterscheiden, nach Erfolg gibt es eine Urkunde als „offizieller Planeten Verwalter". Oder sie organisieren ein Familien-Picknick, um den Kindern lebendigen Geschichtsunterricht zu bieten, wie wir wenig später beim Lunch am „Fish River" in den Genuss kommen. Geschichtsträchtig deshalb, weil dieser Fluss einst die Grenze zwischen Zivilisation und Wildnis (Schwarzafrika) darstellte. An seinen Ufern trafen im 18. Jahrhundert erstmals Weiße aus der Kap-Region und Schwarze aus dem Nordwesten mit ihren Viehherden aufeinander, und 1779 wurde hier der erste von neun blutigen Grenzkriegen ausgefochten. Heute kaum noch vorstellbar, zieht der Duft von frisch gebrutzeltem Speck und Würstchen in der friedlichen Landschaft zu uns herüber, dazu werden erlesene Salate, frisches Obst und Canapés serviert. Das gleichmäßige Plätschern des Flusses ist eine melodische Hintergrundkulisse. Die größeren Kinder probieren derweil ihr Angler-Glück und die Kleineren klettern auf dem Jeep herum oder spielen mit Scheinwerfer und Funkgerät bewaffnet „auf Löwenjagd gehen". Nachmittags geht es im offenen Jeep auf Safari, an dicht bewachsenen Hügeln der Aloen und Speckbäume, die in zarter Blüte

Der Duft von frisch gebrutzeltem Speck und Würstchen zieht herüber, dazu werden erlesene Salate serviert.

Kwandwe Afrika zaubert in ihren exklusiven Lodges ein Lächeln auf jedes Kindergesicht

stehen. Zur großen Begeisterung der Kinder sehen wir bereits die ersten Tiere. Giraffen (die Älteren sind schon richtig ausgebleicht) erklärt uns der Ranger, Zebras, Springböcke, Warzenschweine. Historische Aufzeichnungen belegen, dass Mitte des 19. Jahrhunderts auch große Elefantenherden am Fish River lebten- neben Löwen, Geparden und Leoparden. Die Region war mit Zehntausenden von Tieren bewohnt, und einst Südafrikas am dichtesten bevölkertes Wildgebiet. Ein Nashorn schwenkt den Kopf und trabt dann langsam von dannen. „Das Nashorn ist ja ganz schmutzig, das braucht ja eine Badewanne“ empört sich Lennox über das Rhinozeros, das gerade ein Schlammbad genommen hat. Léon hakt mit Eifer im Öko-Führer die Liste der Tiere ab, während Lennox voller Stolz das riesengroße Fernglas umklammert. („Das kann ich schon alleine Mama“). Minutenschnell wechselt er seine „Tier-Identität“ und verarbeitet so spielerisch alle erlebten Tiere, die ihm auf Safari begegnen. „Hier, nehmt mal“ lacht Ranger Bruce, pflückt Gras und rollt es zu einem Schnurrbart zusammen, „das ist Old Mans Beard, der Bart vom alten Mann“.

Toll: Bei den abenteuerlichen Wildbeobachtungsfahrten gibt es keine Altersbeschränkung.

Sundowner-Time! Der Ranger packt Soft-Drinks, Weinflaschen, Obst und Knabbergebäck aus. Die Kids stürzen sich auf die Nüsse und Chips.

„Soll ich das Bad für die Kinder schon vorbereiten“? lässt Cynthia per

Die samtbewimperten und lieb aussehenden „Langhälse“ zu sichten sind auch ein Geschenk für Kids

Die dicht bewachsenen Hügel und Berge waren einst Südafrikas am dichtesten bevölkertes Wildgebiet

Funk beim Ranger anfragen? Das Personal ist sehr freundlich und liest den großen und kleinen Gästen wirklich jeden Wunsch von den Lippen ab.
Als wir zurück sind knistert im Kaminzimmer bereits ein einladendes Feuer und wir entspannen uns bei einem Glas Portwein und interessanten Gesprächen mit dem Manager, der uns über die Entstehung von Kwandwe berichtet: Auf dem Gelände von sechs ehemaligen Schaf- und Rinderfarmen hat der amerikanische Milliardär Carl de Santis mit einer Investition von zehn Millionen Dollar die Safari Lodge gegründet. Allerdings weniger, um reiche Touristen glücklich zu machen, sondern vielmehr, um die Einheimischen durch Erziehungs- und Jobprogramme zu unterstützen. So gehören die Angestellten ausschließlich den dort lebenden Schwarzen der Volksgruppe Xhosa an. Der Kalifornier, der selbst zwei bis drei Monate im Jahr in Kwandwe lebt, führte 7000 Tiere ein, pro Jahr sollen etwa 1.400 weitere dazukommen.

Ein tolles Picknick am geschichtsträchtigen Fish River Canon ist ein Highlight.

Happy End unter dem Kreuz des Südens, ein aufregendes „Booma"-Dinner auf der Veranda unserer edlen Unterkunft. Der Tisch ist festlich mit Kerzen gedeckt und das kapmalaiische Dinner, serviert auf heißer Glut, ist auch für Kinder köstlich. Im Garten wagt sich Léon Löwenherz todesmutig bis zum Pool, um die Löwen zu verjagen beenden wir mit viel Fröhlichkeit diesen wundervollen Abend. Kwandwe kann

Aufregend für Kids so nah an den wilden Tieren, in Kwandwe gibt es keine Altersbeschränkung

auf jeden Fall seinem Ruf gerecht werden, finden wir einstimmig. Die Familiensafaris haben alles, was Kinder glücklich macht und damit der gesamten Familie ein Safari-Erlebnis bietet, das nicht so schnell vergessen wird. Ein unvergleichbares Wildlife Erlebnis für jeden Besucher und eine konsequent luxuriöse Umsetzung der Gästebetreuung, wie es verwöhnte Safari-Gäste gewohnt sind.

Unterkunft:

Die beiden Unterkünfte, in denen Familien wohnen können, sind:

➤ Das Uplands-Homestead

Das ehemalige 1905 errichtete Farmhaus ist heute eine wunderschöne Villa im kapholländischen Stil. Großzügig geschnitten können hier bis zu sechs Leute wohnen. Es gibt drei große Schlafzimmer, private Balkons, Swimmingpool, und einer schönen Veranda, Garten. Das Interieur ist edel–afrikanisch-antik, mit hohen, holzgetäfelten Räumen, sogar der Kinderstuhl ist noch eine Antiquität aus der alten Siedler-Zeit.

➤ Die Ecca Lodge

Die andere Unterkunft für Familien ist die neue Ecca Lodge, die unter dem Slogan „funk- meets-futuristic-farmhouse-feeling" einen absoluten Traum von edlem, modernem Design darstellt. Die Lounge, das Speisezimmer und die offene Küche wirken mit den großen Warhol-ähnlichen Prints, Steinmauern und darauf abgestimmten Orangetönen ultracool und doch irgendwie warm. Aber auch in den sechs Suiten hat sich der Architekt am Außergewöhnlichen ausprobiert: sehr geräumig, mit großem Wohnzimmer und Schlafcouch für die Kinder, ein noch größeres Elternschlafzimmer mit schönem Bad und Blick auf die Holzterrasse. Diese verfügt über einen privaten Pool und eine Outdoor-Dusche, wo man sich herrlich nach einem anstrengenden Game Drive erfrischen kann. Rechts und links davon kilometerweit nur unzugänglicher Busch. Aufregend so nah bei den wilden Tieren! So ist es auch verboten, sich nach Einbruch der Dunkelheit auf Terrasse aufzuhalten. Und ohne den persönlichen Begleitschutz eines Rangers, der die Gäste mit Petroleumlampe und Gewehr zum Essen abholt und sie wieder zurückbringt, darf keiner mehr seine Unterkunft verlassen.

www.kwandwe.com

Über die Autorin

Astrid Mohné

KURZBIOGRAFIE

Geboren in Aachen, Studium der Ethnologie, Spanisch und Psychologie in München. Nach dem Studium Forschungstipendium für Ethnologie an der „La Sapienza" Universität in Rom, wo sie sich intensiv mit dem Thema „Delphine in den antiken Kulturen" auseinandersetzte. Recherche und Aufnahmeleitung in Italien für den mehrteiligen Dokumentarfilm „Delfingeschichten" im Auftrag des Westdeutschen Rundfunks.

Schreibt Reiseführer über das Reisen mit Kindern im Südlichen Afrika: www.multicultipress.com

Zahlreiche Reportagen für das „Südafrika-Magazin" und das „America-Journal", Hamburger Abendblatt, DB Mobil, Clever Reisen und weitere Zeitschriften und Magazine.

Mit der neuen Buchreihe „Familienflüstern" sind weitere Destinationen im südliche Afrika (wie Namibia, Mauritius und Moçambique) in Planung...

VERÖFFENTLICHUNGEN

2008 „Sicher Reisen mit Kindern in Südafrika." Reiseführer für Familien

2008 „Mit den wilden Tieren per Du. Léons Abenteuer in Südafrika." Kinderbuch

1995 „Der Regenbogen-Delphin" Seine phantastische Reise zwischen Traum und Wirklichkeit." Kinder- und Jugendbuch

www.multicultipress.com

www.writersroom.de

Bildnachweis

Alle Bilder von Multi Culti Press (Astrid Mohné, Gérard Rudschuck, Léon Mohné) c. M.C.P. 2016

Except the kindly courtesy by: Fairlawns Boutique Hotel & Spa, Valley Lodge & Spa, Bakubung Lodge, Jaci´s Safari Lodge, Protea by Marriott Umklanga Rock, Protea by Marriott Umfolozi River, South African Tourism, Photo Holler, Hermanus, Milkwood Manor on Sea, CC Africa Kwandwe Private Game Reserve

Buchtipps

Astrid Mohné/Léon Mohné: „Mit den wilden Tieren per Du.
Léons Abenteuer in Südafrika.“ Kinderbuch.

Astrid Mohné: „Der Regenbogen-Delphin. Seine phantastische Reise zwischen Traum und Wirklichkeit. Kinder- und Jugendbuch.

Stefanie Gercke: „Ein Land das Himmel heisst.“ (2014).

„Nachtsafari“ (2015) u.v.a.

Nelson Mandela: „Der lange Weg zur Freiheit.“ Autobiographie, 1995

J.M. Coetzee: „Schande“, 1999

Deon Meyer: „Der Atmen des Jägers.“ u.v.a.

Stichwortregister